Science-tech

Science et technologie

Roger Pelland

Nancy Brousseau

Robert Fortin

Denis Leroux

Éditions HRW

Groupe Éducalivres inc.
955, rue Bergar
Laval (Québec) H7L 4Z6
Téléphone : (514) 334-8466
Télécopieur : (514) 334-8387
Internet : www.editions-hrw.com

Remerciements

Pour son travail de vérification scientifique, l'Éditeur témoigne sa gratitude à M. Claude Rhéaume, enseignant, École de la Seigneurie, C. s. des Premières-Seigneuries. Pour leurs suggestions et leurs judicieux commentaires à l'une ou l'autre des étapes du projet, l'Éditeur tient à remercier les personnes suivantes :

Mᵐᵉ Véronique Bélanger, enseignante,
  École Madeleine-de-Verchères, C. s. de Montréal ;
Mᵐᵉ Martine Bouchard, enseignante,
  École Montcalm, C. s. de Montréal ;
Mᵐᵉ Caroline Boucher, enseignante,
  École des Moussaillons, C. s. des Navigateurs ;
Mᵐᵉ Danielle Chamberland, enseignante,
  École Notre-Dame-des-Neiges, C. s. de la Capitale ;
Mᵐᵉ Edith Côté, enseignante,
  École de la Farandole, C. s. des Premières-Seigneuries ;
Mᵐᵉ Lyne Cuillerier, enseignante,
  École du Vieux-Chêne, C. s. des Affluents ;
Mᵐᵉ Myriam Ferland, enseignante,
  École de la Caravelle, C. s. des Navigateurs ;

M. Gilles Gagnon, directeur,
  École Mᵍʳ-Milot, C. s. des Bois-Francs ;
Mᵐᵉ Isabelle Grenier, enseignante,
  École Notre-Dame-des-Victoires, C. s. de Montréal ;
Mᵐᵉ Mélanie Hubert, enseignante,
  École Lévis-Sauvé, C. s. Marguerite-Bourgeoys ;
Mᵐᵉ Suzanne Lessard-Lacroix, enseignante,
  C. s. des Bois-Francs ;
Mᵐᵉ Dianne Nantais, enseignante,
  École Notre-Dame-des-Victoires, C. s. de Montréal ;
Mᵐᵉ Sandra Thériault, enseignante,
  École Notre-Dame-des-Victoires, C. s. de Montréal.

Manuel de l'élève **B**

2ᵉ cycle
du primaire

Science-tech

Science et technologie

© 2003, **Éditions HRW** ■ Groupe Éducalivres inc.
Tous droits réservés

Ce livre est imprimé sur un papier Opaque nouvelle vie, au fini satin et de couleur blanc bleuté. Fabriqué par Rolland inc., Groupe Cascades Canada, ce papier contient 30 % de fibres recyclées de postconsommation et n'est pas blanchi au chlore atomique.

CODE PRODUIT 3340
ISBN 0-03-928714-9

Dépôt légal – 2ᵉ trimestre
Bibliothèque nationale du Québec, 2003
Bibliothèque nationale du Canada, 2003

Imprimé au Canada

1 2 3 4 5 6 7 8 9 0 II 2 1 0 9 8 7 6 5 4 3

Table des matières

Lettre à l'élève

Depuis le début du 2e cycle, tu as découvert plusieurs aspects du monde de la science et de la technologie.

Tu es maintenant en mesure de proposer des explications et des solutions à des problèmes liés à la science et à la technologie, d'utiliser des outils et des façons de faire propres à la science et de communiquer dans un langage approprié.

Tu continueras à explorer les trois grands domaines de la science et de la technologie : l'univers matériel dans les thèmes sur la masse, l'énergie et l'électricité ; la Terre et l'espace dans les thèmes sur les dinosaures, les étoiles et la météorologie ; et l'univers vivant dans plusieurs thèmes sur les animaux. Ce ne sont là que quelques-uns des thèmes et des concepts que tu aborderas ou que tu approfondiras.

Science-tech te réserve encore bien d'autres découvertes !

Les auteurs

La structure de Science-tech

Ce manuel de l'élève contient 27 thèmes portant sur les trois domaines du programme, soit l'univers matériel, la Terre et l'espace, et l'univers vivant.

Chaque domaine comprend 9 thèmes (situations d'apprentissage) suivis de la section **Info+** qui présente des textes complémentaires en lien avec ces thèmes.

Plusieurs activités de découverte 📝 liées aux différents thèmes contribuent au développement des compétences.

La structure des thèmes

Mise en situation

La mise en situation a pour but de rapprocher l'élève de ses apprentissages. Elle l'amène à réactiver ses connaissances antérieures et à établir un lien avec la vie de tous les jours en se questionnant sur les concepts scientifiques liés au thème. Elle permet à l'élève d'aborder le thème en faisant des liens avec les domaines généraux de formation et le ou la prépare à entreprendre l'activité et la mise en œuvre du développement de ses compétences.

Préparation

L'élève doit observer, réfléchir, faire des liens, inférer, etc. Une série de questions l'invite à explorer des explications ou des pistes de solution d'un problème. L'élève se questionne sur les nouvelles notions à explorer, sur les outils et les processus qui pourraient l'aider, et sur le langage à utiliser pour décrire les concepts.

Réalisation

Cette partie permet à l'élève de développer sa compétence à exploiter l'information. Des compléments d'information présentés sous la rubrique **Info+** lui permettent de consulter diverses sources d'information. Plusieurs activités en lien avec la notion favorisent le développement des compétences de l'élève et l'intégration des connaissances. Cette partie apporte des éclaircissements sur les explications et les pistes de résolution de problèmes amorcées dans la situation-problème ; elle permet notamment à l'élève d'organiser ses connaissances à l'aide du vocabulaire approprié.

Certains mots nouveaux ou difficiles sont écrits en gras. Leur définition se trouve dans le glossaire.

Intégration et réinvestissement

Cette dernière partie permet à l'élève de réinvestir ses compétences et d'intégrer ses nouvelles connaissances dans d'autres situations en lien avec le thème et les notions abordées. C'est également l'occasion de faire un retour sur la situation-problème pour réévaluer les explications et les pistes de solution explorées au début du thème. L'élève pourra aussi réinvestir ses connaissances en faisant des liens avec sa vie quotidienne.

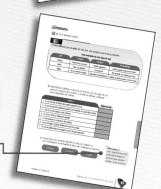

Le pictogramme indique qu'une fiche reproductible prioritaire accompagne l'activité.

Les rubriques

Attention !

Cette rubrique ponctuelle met l'élève en garde contre les pièges les plus fréquents et lui fournit des indices pour le ou la guider dans ses apprentissages.

À la fin de chaque thème, cette rubrique amène l'élève à s'interroger sur des phénomènes en lien avec le thème et les notions abordées, qui peuvent paraître mystérieux de prime abord. Elle prend la forme d'une question qui pourra être le point de départ d'une recherche, d'un projet ou d'une discussion en classe.

Pour en savoir plus !

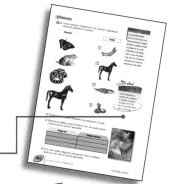

Cet encadré invite l'élève à consulter d'autres sources d'information de la section **Info+** présentée à la fin de chacun des trois domaines.

Ces rubriques fournissent des renseignements complémentaires sur le sujet abordé, en lien avec des repères culturels. Les cinq catégories des sections **Info+** sont présentées à la page suivante.

Les trois sections Info⊕

Présentées à la fin de chacun des trois domaines du programme, les sections

Info⊕ proposent des textes riches et diversifiés qui fournissent à l'élève les

repères culturels nécessaires pour mieux développer ses compétences et assimiler les savoirs essentiels du programme. Les textes, classés dans cinq catégories faciles à reconnaître par leur couleur distinctive, touchent les thématiques suivantes et visent des buts précis :

TÊTE CHERCHEUSE

- Illustrer les progrès fondamentaux en science ou en technologie à l'aide de personnages historiques ou contemporains.
- Décrire et expliquer des professions connues ou moins bien connues.

SCIENCE ET TECHNOLOGIE

- Montrer que la science et la technologie se développent en interaction avec d'autres domaines de l'activité humaine.
- Montrer que le développement de la science et de la technologie est étroitement lié aux activités humaines.

SCIENCE ET VIE

- Souligner les conséquences, positives et négatives, de la science et de la technologie sur notre façon de vivre.
- Montrer que l'être humain doit agir s'il veut limiter les effets les plus dommageables des progrès scientifiques et technologiques sur l'environnement.

ÉTHIQUE ET VALEURS

- Montrer que la science et la technologie s'appuient, d'une part sur des valeurs fondamentales, telles que l'objectivité, la rigueur et la précision, et d'autre part sur des valeurs éthiques et morales.
- Montrer que les recherches des scientifiques et même leurs résultats sont parfois discutables ou controversés.

HISTOIRE

- Décrire le contexte dans lequel un objet de la vie quotidienne a été inventé et raconter comment et pourquoi il s'est modifié jusqu'à aujourd'hui.

L'univers matériel,

c'est tout ce qui est en lien avec la matière.

Dans cette section, tu développeras tes compétences de diverses façons :

- tu observeras les changements d'état de la matière ;
- tu te familiariseras avec les notions de masse, de masse volumique et de flottabilité ;
- tu découvriras les concepts d'énergie potentielle et d'énergie cinétique, et tu aborderas la notion de convection ;
- tu observeras et tu expérimenteras le concept d'électricité statique et tu exploreras les principes qui ont permis à l'humain de voler !

N'oublie pas de lire les textes  **Info** à la fin de la section pour faire de nouvelles découvertes.

thème 1

La masse

*As-tu un pèse-personne chez toi ? Connais-tu ta **masse** ?*
Sais-tu quelle était ta masse à ta naissance ?
Tu peux demander à tes parents de consulter ton carnet
de santé pour connaître la progression de ta masse
depuis ta naissance.

• Tu aborderas la notion de masse et de ses unités.

PRÉPARATION

a) Observe ces trois illustrations.

b) Écris dans tes mots ce que Gabrielle essaie de faire.

c) Aide-la en trouvant le nombre de hamsters nécessaires pour que leur masse égale la masse du chat.

d) Explique en quelques mots comment fonctionne une balance.

1 **a)** Lequel des deux blocs est le plus difficile à déplacer?

styromousse

fer

La propriété de la matière qui nous indique si un objet est facile ou difficile à déplacer se nomme la **masse.** Plus l'objet est difficile à déplacer, plus sa masse est grande, peu importe son volume. La masse d'un objet ne dépend pas de sa grosseur.

b) Un petit objet peut parfois être plus difficile à déplacer qu'un gros objet. Pourrais-tu donner un exemple?

c) Lequel des deux objets de ton exemple possède la plus grande masse?

2 Lis attentivement le texte dans le tableau suivant.

Pour en savoir plus!

Lis la rubrique Les instruments de mesure à la page 30 pour en connaître davantage sur ce sujet.

	Masse
Définition	Propriété de la matière qui nous indique si un objet sera facile ou difficile à déplacer.
Instrument de mesure	balance
Illustration	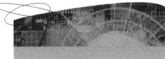
Unité de mesure	**gramme** (g), **kilogramme** (kg)

1 **a)** Nomme deux unités de mesure de la **masse.**

b) Laquelle de ces unités de mesure représente mille fois la masse de l'autre ?

2 Nomme l'unité de mesure appropriée pour estimer la masse des objets suivants.

a) Un dictionnaire **b)** Une gomme à effacer **c)** Une boîte de crayons de couleur

3 Dis si chacun des énoncés suivants est vrai ou faux. Explique tes réponses.

a) À la naissance, un bébé peut avoir une masse d'environ 40 kilogrammes.

b) Un chat adulte peut avoir une masse d'environ 5 kilogrammes.

c) Une voiture peut avoir une masse d'environ 100 kilogrammes.

4 Les deux illustrations suivantes représentent deux unités de masse. Laquelle représente 1 **gramme** ? Laquelle représente 1 **kilogramme** ?

a) Une pincée de sel

b) Un litre de lait

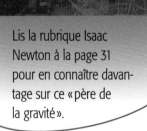

Pour en savoir plus!

Lis la rubrique Isaac Newton à la page 31 pour en connaître davantage sur ce « père de la gravité ».

Les éléphants sont-ils gros parce qu'ils mangent beaucoup ?

Deux propriétés dans une !

As-tu déjà soulevé un petit objet qui était plus pesant que tu pensais ? Ou à l'inverse, as-tu déjà soulevé un gros objet qui était moins pesant que tu pensais ?

> • Tu aborderas la notion de masse volumique.
>
> • Tu te familiariseras avec les unités de la masse volumique.

PRÉPARATION

a) Lis le texte suivant et observe l'illustration qui l'accompagne.

La maman de Justine lui a confié la tâche de préparer une vinaigrette pour la salade. Justine met tous les ingrédients ensemble et obtient la vinaigrette que tu vois sur l'illustration.

Pensant qu'elle a mal préparé la recette, Justine brasse la vinaigrette, mais après quelques secondes, la vinaigrette reprend la même apparence qu'elle a sur l'illustration. Avant d'appeler sa maman à la rescousse, Justine réfléchit à son problème. Aide-la.

b) Lequel des énoncés suivants explique pourquoi la vinaigrette ne reste pas mélangée ?

1. L'huile flotte sur le vinaigre.

2. Le vinaigre flotte sur l'huile.

c) Sur l'illustration, de quelle couleur sont l'huile et le vinaigre ?

d) Que devra faire Justine avant de verser la vinaigrette sur la salade ?

1 Dans chacune des paires d'objets ci-dessous, quel objet a la plus grande **masse** ?

a)

b)

2 Lis le texte qui suit.

- Certaines substances occupent beaucoup d'espace (elles ont un grand volume), même si elles ont une petite masse, par exemple, un bloc de styromousse.

- D'autres substances occupent peu d'espace (elles ont un petit volume), même si elles ont une grande masse, par exemple, une bille.

- La propriété de la matière qui permet de comparer sa masse à l'espace qu'elle occupe (son volume) s'appelle la **masse volumique.**

  Exemple : Le bois a une petite masse volumique alors que le fer a une grande masse volumique.

- Chaque substance a sa propre masse volumique.

- La masse volumique d'une substance s'exprime par un nombre.

- Ce nombre dit combien de **grammes** (g) de matière on trouve dans un centimètre cube (cm^3) de cette substance. Un cm^3, c'est gros comme ça :

- La masse volumique s'exprime en g/cm^3 (on dit : gramme par centimètre cube).

  Exemple : La masse volumique de l'eau est 1 g/cm^3. Cela veut dire que la masse de 1 cm^3 d'eau est 1 g.

3 a) Observe bien ce tableau.

Masse volumique de quelques substances

Substance	Masse volumique (g/cm³)	Substance	Masse volumique (g/cm³)	Substance	Masse volumique (g/cm³)
liège	0,2	huile	0,9	pâte à modeler	2,0
essence	0,6	glace	0,9	fer	7,9
alcool	0,8	eau douce	1,0	plomb	11,4
				or	19,3

b) Dans le tableau de la page précédente, quelle substance a la plus petite **masse** pour un même volume ?

c) Dans le même tableau, quelle substance a la plus grande masse pour un même volume ?

d) En t'aidant du tableau de la page précédente, complète les phrases suivantes.

    1. La masse de 1 cm³ de _____ est de 11,4 g et

    celle de 1 cm³ de pâte à modeler est de _____ .

    2. Une bille de fer et une bille d'or occupent le même volume ; celle

    qui a la plus grande masse est celle en _____ .

e) Nomme une substance qui peut flotter sur l'huile.

INTÉGRATION ET RÉINVESTISSEMENT

1 Nomme les deux propriétés de la matière qui sont à la base de la **masse volumique.**

2 Voici cinq morceaux de substances différentes. Chaque morceau occupe un volume de 1 cm³. ⋯⋯⋯⋯⋯⋯⋯⋯⋯⋯⋯⋯⋯⋯⋯⋯⋯

Reproduis le tableau ci-dessous et classes-y les substances selon que leur masse volumique est plus petite ou plus grande que celle de l'eau.

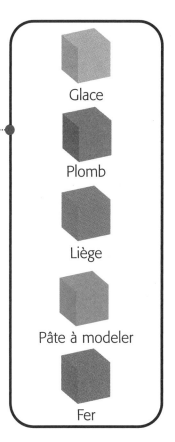

Glace

Plomb

Liège

Pâte à modeler

Fer

Masse volumique plus petite que celle de l'eau	Masse volumique plus grande que celle de l'eau

Pourquoi les gros bateaux en métal ne coulent-ils pas dans le fond de l'eau ?

3

Activité de découverte

Ça flotte ?

Connais-tu des objets qui flottent sur l'eau ? Connais-tu des objets qui coulent dans le fond de l'eau ? Et toi, sais-tu nager ? Arrives-tu à flotter si tu restes dans l'eau sans bouger ?

• Tu pourras distinguer les objets qui flottent de ceux qui coulent.

Tu verras pourquoi un objet qui coule habituellement peut parfois flotter.

PRÉPARATION

a) Observe ces illustrations.

Suzie   Natalie   Pablo   Karl

b) Ces quatre élèves utilisent la même **masse** de pâte à modeler (50 g). Ils et elles ont donné des formes différentes à la pâte et doivent la déposer dans l'eau. Dis si la forme de pâte à modeler faite par chaque élève « flottera » ou « coulera ».

c) Pablo aimerait faire flotter sa pâte. Que devrait-il faire ?

a) Observe les illustrations suivantes.

Morceau de bois

Bouchon de liège

Pile

Trottinette

b) Reproduis le tableau ci-dessous et classes-y les objets selon qu'ils flottent ou qu'ils coulent.

Classement des objets qui flottent ou qui coulent

Objet qui flotte	Objet qui coule

c) Lis le texte suivant.

- La propriété d'un solide lui permettant de flotter sur un liquide s'appelle la **flottabilité.**

- En général, les solides dont la **masse volumique** est inférieure à celle de l'eau (1 g/cm^3) flottent sur l'eau.
  Exemples : le liège, la glace, le bois, le polystyrène.

- En général, les solides dont la masse volumique est supérieure à celle de l'eau (1 g/cm^3) ne flottent pas sur l'eau.
  Exemples : le fer, le diamant, la pâte à modeler.

Pour,
en savoir plus!

Lis la rubrique La flottabilité, une affaire de poussée à la page 31 pour en connaître davantage sur ce sujet.

Lis la rubrique Flottera ou ne flottera pas, le sous-marin ? à la page 32 pour en connaître davantage sur les moyens employés pour contrôler la flottabilité d'un sous-marin.

d) À l'aide du texte précédent, vérifie ton classement dans le tableau que tu as rempli en **b).**

1 **a)** Lis les mots formant les trois ensembles suivants.

A.
bois
aluminium
fer

B.
bois
glace
liège

C.
aluminium
pâte à modeler
plomb

b) Quel ensemble contient seulement des matériaux qui peuvent flotter ? Pourquoi peuvent-ils flotter ?

c) Quel ensemble contient seulement des matériaux qui peuvent couler ? Pourquoi peuvent-ils couler ?

Attention !

En modifiant la forme d'un solide pour lui permettre de déplacer beaucoup d'eau, celui-ci flotte comme un bateau.

2 Tu te sers un verre d'eau froide et tu y ajoutes deux cubes de glace. Note que la glace a une masse volumique de 0,9 g/cm³ et l'eau 1,0 g/cm³.

a) Dessine un verre contenant l'eau et la glace.

b) Explique comment tu as illustré la glace dans le verre.

Tête chercheuse

La légende dit qu'un jour, le savant grec Archimède fit une grande découverte en entrant dans son bain. Il était préoccupé de trouver la solution d'un problème soumis par le roi et il remarqua que son corps déplaçait l'eau en entrant dans le bain. Cette constatation l'amena à énoncer son principe de poussée.

Pourquoi flotte-t-on mieux dans l'eau de la mer que dans celle de la piscine ?

Plus ça change, plus c'est pareil !

Sais-tu ce qu'ont en commun l'eau du robinet, les glaçons dans une boisson, la neige qui tombe, les nuages, la vapeur sortant de la bouilloire et les icebergs ?

> • Tu verras que la matière peut changer d'état sans changer de nature.
> • Tu apprendras le nom et la cause de quelques-uns de ces changements.

PRÉPARATION

a) Observe cette bande dessinée.

Jour de mon anniversaire   Deux semaines plus tard   Un mois plus tard

b) Quel est le problème de Xavier ? Décris-le dans tes mots.

c) Xavier pense que ses poissons boivent l'eau de l'aquarium, ce qui expliquerait la baisse du niveau de l'eau de l'aquarium. Selon toi, l'idée de Xavier est-elle vraie ou fausse ?

d) Si tu penses que l'explication de Xavier est fausse, pourquoi alors l'eau de l'aquarium baisse-t-elle ?

e) Où va l'eau de l'aquarium ?

RÉALISATION

1 **a)** Lis le texte suivant et observe l'illustration.

- Tout ce qui a un volume et une **masse** est de la matière. La matière peut exister sous plusieurs **états** : elle est solide, liquide ou gazeuse.

- Plusieurs substances peuvent passer d'un état à un autre : c'est ce que l'on appelle des **changements d'état.**

- Voici un exemple pour l'eau : ....

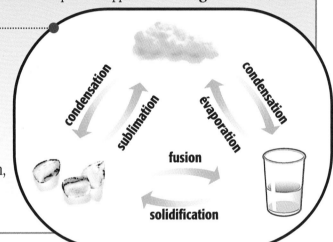

- Au cours des changements d'état, aucune nouvelle substance n'est produite : l'eau, c'est toujours de l'eau, qu'elle soit solide, liquide ou gazeuse.

- Ce que l'on dit de l'eau est aussi vrai pour l'aluminium, le fer, l'air, le gaz carbonique, etc.

b) Quand tu mets de l'eau au congélateur pour qu'elle se transforme en glaçons, quel changement d'état provoques-tu ?

c) Quel est l'état de la matière avant la **fusion** et après la fusion ?

d) Lorsque la vapeur d'eau se refroidit sur une vitre, quel changement risque de se produire ?

2 Que s'est-il passé dans l'aquarium de Xavier ?

Pour en savoir plus !

Lis la rubrique Les changements d'état dans la vie quotidienne à la page 33 pour en connaître davantage sur ce sujet.

3 Dis si chacun des énoncés suivants est vrai ou faux.

a) Quand l'eau passe de l'**état** liquide à l'état solide, elle se transforme et perd ses propriétés. Elle n'est plus vraiment de l'eau.

b) L'eau est la seule substance qui peut changer d'état.

c) Si l'on chauffe suffisamment une barre de fer, elle peut devenir liquide.

d) Si l'on refroidit suffisamment du gaz carbonique, il deviendra solide.

INTÉGRATION ET RÉINVESTISSEMENT

1 a) Sur une feuille, dessine l'eau sous trois états.

b) Inscris le nom de l'état correspondant sous chacun de tes dessins.

2 a) Reproduis le schéma des **changements d'état** ci-dessous.

solide → liquide → gaz

b) Sur chaque flèche de ton schéma, indique si la température doit augmenter ou diminuer pour obtenir le changement d'état.

Je veux savoir !

Pourquoi le gazon est-il mouillé les matins d'été ?

thème

5

Cinétique ou potentielle ?

Pourquoi est-il dangereux de conduire une voiture trop rapidement ? Pourquoi certaines personnes ont-elles peur des hauteurs ? Est-ce qu'il y a un moteur derrière les wagons des montagnes russes ?

- Tu aborderas les notions d'énergie cinétique et potentielle.
- Tu pourras identifier les deux types d'énergie dans des situations réelles.

PRÉPARATION

a) Lis le texte suivant et observe les illustrations qui l'accompagnent.

Stéphane, l'enseignant de la classe 4-C de l'école Labonté, a proposé un concours à ses élèves. Celui ou celle qui pourra faire rouler une balle ou un ballon le plus loin gagnera. Les élèves pourront choisir la balle ainsi que la rampe de lancement.
Voici le choix de balles et de rampes.

b) Quelle sorte de balle ou de ballon choisirais-tu ?

c) Quelle rampe utiliserais-tu ?

> Je choisis le ballon de soccer sur la pente 3.

> Je choisis la balle de baseball sur la pente 1.

> Je choisis le ballon de plage sur la pente 2.

STEFFIE   ÉRIC   NAÏPHA

d) Lis attentivement le choix de ces trois élèves.

e) Parmi ces élèves, qui fera rouler sa balle ou son ballon le plus loin ? Dis pourquoi.

1 **a)** Lis les textes suivants et réponds aux questions posées.

- L'**énergie cinétique** est l'énergie qu'un objet possède à cause de sa vitesse. Si la vitesse de l'objet augmente, l'énergie cinétique augmente. Par exemple, un enfant qui court, une bicyclette qui roule, une roue qui tourne, une balle lancée, une voiture qui file ont tous de l'énergie cinétique.

b) Laquelle des illustrations ci-dessus présente la situation ayant le plus d'énergie cinétique ?

c) Dis pourquoi tu as choisi cette illustration.

d) Décris un autre exemple d'énergie cinétique.

Pour, en savoir plus!

Lis la rubrique Des sensations très fortes ! à la page 34 pour en connaître davantage sur la transformation d'énergie dans les montagnes russes.

- L'**énergie potentielle** est l'énergie liée à la position d'un objet.

La roche n'a pas d'énergie potentielle.

La roche a de l'énergie potentielle.

La roche a de l'énergie cinétique.

La roche n'a plus d'énergie cinétique ni d'énergie potentielle.

e) Parmi les illustrations ci-contre, lesquelles présentent une situation où il y a de l'énergie potentielle ?

f) Décris un autre exemple d'énergie potentielle.

2 Dis si chacune des illustrations suivantes présente une situation d'**énergie cinétique** ou une situation d'**énergie potentielle.**

a)

c)

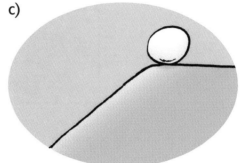

b)

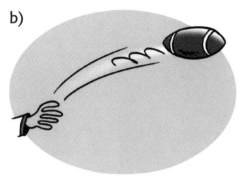

d)

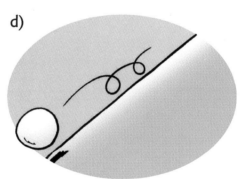

INTÉGRATION ET RÉINVESTISSEMENT

1 Relis les réponses que tu as données à la page 14. Vérifie tes choix et au besoin, apporte des modifications.

2 Sur une feuille, dessine une situation d'énergie cinétique et une situation d'énergie potentielle.

Comment les chats font-ils pour toujours atterrir sur leurs pattes quand ils tombent ?

Le chaud en haut, le froid en bas

Selon toi, à quoi sert un ventilateur de plafond ?

PRÉPARATION

a) Lis le texte suivant et observe les illustrations qui l'accompagnent.

> Dimanche soir, tout est calme dans la maison. Mégane est seule dans sa chambre qu'elle trouve particulièrement noire en cette nuit d'hiver sans lune. Tout à coup, les rideaux se mettent à bouger. Mégane est terrorisée, mais elle essaie de se contrôler. «Est-ce un monstre?», pense-t-elle. Peut-être a-t-elle imaginé le mouvement? Mais non! Ça y est, les rideaux se remettent à bouger! Mégane pousse un hurlement: «Haaaaaaa!». Ses parents accourent, mais tout ce qu'ils peuvent faire, c'est constater que la fenêtre est bien fermée et qu'aucun courant d'air ne provient de l'extérieur de la chambre. Quel mystère! Qui ou qu'est-ce qui a bien pu faire bouger ces rideaux?

- Tu aborderas la notion de convection.
- Tu pourras constater les effets des mouvements de convection.

b) Explique pourquoi les rideaux bougent.

a) Lis le texte suivant et observe l'illustration.

- Dans un liquide ou dans un gaz, l'énergie thermique est transmise par des mouvements ascendants et descendants qu'on appelle des mouvements de **convection.**

Voici comment cela fonctionne.

- Dans un mouvement de convection, l'eau ou l'air chauffés par une source de chaleur (une cuisinière, une plinthe électrique) montent parce que leur **énergie cinétique** est plus grande. Ils sont remplacés par l'eau ou l'air froids, qui descendent puisque leur énergie cinétique est moins grande. L'eau ou l'air froids, chauffés à leur tour s'élèveront pour être remplacés par de l'eau ou de l'air plus froids, et ainsi de suite.

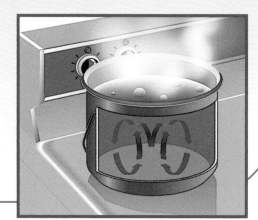

- De cette façon, l'énergie thermique finira par se répandre dans l'eau ou dans l'air par des mouvements de convection. Ainsi, l'on pourra faire cuire des pâtes et la maison deviendra confortable en saison froide.

b) Relis l'explication que tu as donnée à la consigne **b)** de la page précédente. À l'aide du texte ci-dessus, vérifie ton hypothèse. Au besoin, apporte des modifications.

c) Reproduis cette illustration et dessine les mouvements de convection de l'air dans la chambre de Mégane.

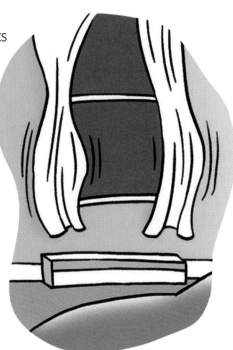

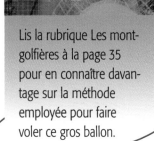 **Pour en savoir plus !**

Lis la rubrique Les mont-golfières à la page 35 pour en connaître davantage sur la méthode employée pour faire voler ce gros ballon.

2 À l'aide des mots donnés dans la plinthe électrique, complète les phrases ci-dessous.

gaz convection liquides chauffés
chauds descendent froids montent
plus grande plus petite

Les gaz et les **a)** _____ chauds **b)** _____

parce que leur **énergie cinétique** est **c)** _____ .

Les **d)** _____ et les liquides froids **e)** _____

parce qu'ils ont une énergie cinétique **f)** _____ .

Ils sont alors **g)** _____ à leur tour par la source de chaleur.

Quand ils sont devenus **h)** _____ , ils remontent et sont

remplacés par d'autres gaz et d'autres liquides plus **i)** _____ .

Ces déplacements ascendants et descendants de gaz et de liquides

s'appellent des mouvements de **j)** _____ .

INTÉGRATION ET RÉINVESTISSEMENT

a) Sur une feuille, dessine une montgolfière et explique par des flèches et des mots comment elle arrive à monter et à se maintenir dans les airs. Consulte un livre de référence au besoin.

b) Compare ton dessin avec celui d'un ou d'une camarade.

Lorsqu'on touche du métal très froid, pourquoi notre peau y reste-t-elle collée ?

Qui s'y frotte se charge !

Sais-tu pourquoi les adultes mettent parfois une feuille adoucissante dans la sécheuse ? pourquoi les pantalons collent parfois aux jambes ? pourquoi il est dangereux de se baigner durant un orage ?

thème 7

- Tu t'initieras aux notions d'électricité statique.
- Tu pourras reconnaître des situations où l'électricité statique se manifeste dans le quotidien.

PRÉPARATION

a) Observe cette illustration.

Science et technologie

Le frottement électrostatique des vêtements produit de petites étincelles : ce phénomène peut être agaçant. Mais il y a des étincelles qui ont suffisamment d'énergie pour provoquer un incendie ou une explosion : elles sont véritablement dangereuses. On y pense en manipulant certaines substances.

b) Selon toi, quelle est la solution du garçon ?

c) Lequel de ces cadres explique pourquoi la méthode de collage du garçon fonctionne ?

1	2	3
Parce que le garçon a les cheveux gras.	À cause de l'électricité statique.	Parce qu'en le frottant, le ballon devient collant.

**Pour** en savoir **plus!**

Lis la rubrique Thalès de Milet (625-546 av. J.-C.) à la page 36 pour en connaître davantage sur l'électricité statique.

1 Lis le texte suivant et observe les illustrations qui l'accompagnent.

- Toute la matière est composée de particules minuscules formées de **charges électriques.** Ces charges peuvent être **positives** (+) ou **négatives** (–).

- Si tu frottes certaines matières l'une contre l'autre, des charges négatives passent d'un objet à l'autre. Les deux matières deviennent alors remplies d'électricité. C'est ce que l'on appelle de l'**électricité statique.**

- Les objets frottés, porteurs d'une charge électrique, peuvent attirer d'autres objets neutres ou de charge opposée, qui sont près d'eux. Ils peuvent aussi en repousser d'autres qui ont la même charge électrique qu'eux.

- Tu peux, toi aussi, recevoir ou transmettre des charges électriques! La preuve est que tu prends  parfois de petites secousses électriques. Ces secousses sont la charge électrique que tu portes et qui se déplace vers quelqu'un d'autre ou vers un objet.

- La foudre est aussi une manifestation de l'électricité statique; c'est un échange de charges électriques entre un nuage et le sol.

2 Fais une petite expérience. Lis attentivement les consignes suivantes et réponds aux questions.

a) Munis-toi d'une feuille de papier, d'une paire de ciseaux et d'une règle en plastique.

b) Découpe une dizaine de très petits morceaux de papier (☐).

c) Approche ta règle des morceaux de papier.

d) Que se passe-t-il?

e) Frotte vigoureusement ta règle contre ton chandail ou tes cheveux pendant 10 secondes.

f) Approche ta règle des morceaux de papier.

g) Que se passe-t-il maintenant?

h) Nomme le phénomène qui fait en sorte que les morceaux de papier sont attirés par ta règle.

i) Lequel des deux porte la charge électrique : le papier ou la règle?

3 Dis si chacun des énoncés suivants est vrai ou faux. Au besoin, relis le texte du numéro **1** à la page précédente.

a) En général, la matière est neutre.

b) Toute matière est composée de **charges électriques.**

c) Ces charges peuvent être positives ou négatives.

d) Des objets chargés peuvent attirer d'autres objets.

4 Lis les énoncés ci-dessous. Dans chaque cas, dis si les objets s'attirent ou se repoussent.

a) Deux objets chargés positivement.

b) Deux objets chargés négativement.

c) Un objet chargé positivement et un objet chargé négativement.

INTÉGRATION ET RÉINVESTISSEMENT

1 Vérifie les réponses que tu as données à la page 20. Au besoin, apporte des corrections.

2 Quelles illustrations présentent une situation où il peut y avoir une manifestation de l'**électricité statique** ?

c)

a)

b)

d)

Comment les mouches font-elles pour marcher au plafond ? Utilisent-elles l'électricité statique comme les ballons d'anniversaire pour coller au plafond ?

Des poulies et des êtres humains

*As-tu déjà pris un ascenseur ? un téléphérique ?
un remonte-pente ? Sais-tu comment ces appareils font
pour soulever la masse des gens qui les prennent ?*

- Tu verras quelques machines simples.
- Tu te familiariseras un peu plus avec les poulies.

PRÉPARATION

a) Lis le texte suivant et observe attentivement l'illustration qui l'accompagne.

Michael est bien embêté. Son enseignant, M. Bertrand, a donné un devoir bien difficile. Il doit trouver ce qu'ont en commun les trois illustrations ci-dessous. Michael a beau chercher, il ne voit pas la relation qui existe entre une fille qui fait de l'exercice et un garçon qui hisse un drapeau !

b) Aide Michael. Trouve ce que ces trois illustrations ont en commun.

c) Sur une feuille, dessine ce que les illustrations ont en commun.

d) Lequel des énoncés suivants décrit à quoi sert la **machine simple** représentée sur les illustrations.

1. À faire tourner d'autres objets.
2. À soulever des objets parfois pesants.
3. À pousser sur les objets.
4. À lancer des objets.

Science et technologie

La **vis** est une machine simple aux multiples usages. Il y a des vis de toutes les grosseurs pour tous les genres de matériaux, pour tous les types d'utilisation. Le tire-bouchon est-il une vis ?

1 **a)** Lis le texte suivant et observe attentivement les illustrations qui l'accompagnent.

- Une **machine,** c'est un montage ou un outil qui t'aide à réduire l'effort nécessaire pour déplacer un objet.

- Il y a très longtemps, des êtres humains ont mis au point des **machines simples** comme la **roue et** l'**essieu,** la **poulie,** la **vis,** le **levier** et le **plan incliné.**

- La **poulie** est constituée d'un câble flexible (une corde) et d'une roue rainurée sur laquelle passe le câble. La poulie d'une corde à linge est une poulie simple. Un système de poulies comprend plusieurs poulies qui permettent de diminuer la force nécessaire au déplacement d'une charge. On en trouve dans les grues de chantiers de construction et dans les ascenseurs.

b) Associe chacune des illustrations à la machine simple qui convient.

Pour en savoir plus!

| poulie | vis | levier | roue et essieu |

Lis la rubrique Archimède et la vis à eau à la page 37 pour en connaître davantage sur les machines simples.

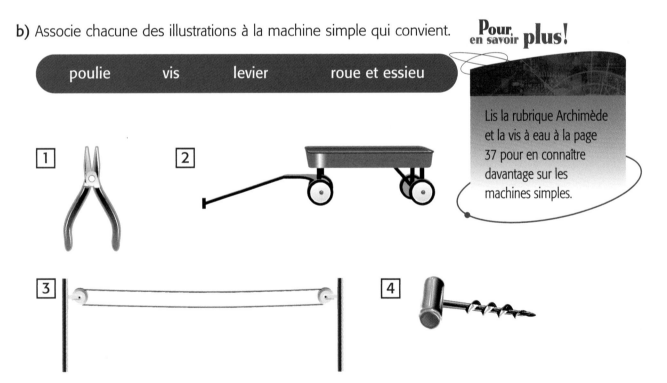

2 **a)** Observe l'illustration ci-contre. Elle représente des enfants mettant en pratique le principe de la **poulie.**

b) Chaque fois que la corde passe autour des manches à balai, elle crée une poulie.

Combien vois-tu de poulies sur ce dessin ?

c) Qu'arrivera-t-il si les deux garçons maintiennent le balai chacun de leur côté et que la fille tire la corde ?

INTÉGRATION ET RÉINVESTISSEMENT

a) Vérifie les réponses que tu as données à la page 23. Au besoin, apporte des modifications.

b) Nomme la **machine simple** représentée dans chacune des illustrations suivantes.

1

2

3

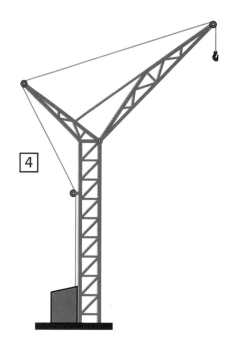
4

Comment les pyramides ont-elles été construites dans le temps de l'ancienne Égypte ?

Activité de découverte

On s'envole !

As-tu déjà rêvé de voler ? As-tu déjà pris l'avion ? Joues-tu avec un cerf-volant parfois ? As-tu déjà observé le vol des oiseaux ?

- Tu apprendras comment volent les avions.
- Tu verras que plusieurs appareils différents peuvent voler.

PRÉPARATION

a) Lis le texte et observe les illustrations suivantes.

Brandon a un problème. Il doit faire une recherche sur les engins volants. Comme il désire inclure dans son travail une partie historique pour comparer les premiers appareils avec ceux d'aujourd'hui, il a soigneusement découpé quelques illustrations dans des revues. Au moment de réaliser son collage, il se rend compte qu'il a mélangé les illustrations et les légendes qui décrivent ses illustrations ! Il ne se rappelle plus quelle légende accompagne chacune des illustrations et quels modèles actuels correspondent aux versions historiques. Peux-tu l'aider ?

Légendes	Engins historiques	Versions actuelles
1 L'ornithoptère, machine volante à propulsion humaine de Léonard de Vinci inspirée par les oiseaux (début 1500)	**A** 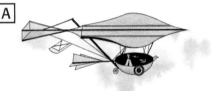	**i** 
2 Le *Flyer*, premier avion propulsé à moteur des frères Wilbur et Orville Wright (1903)	**B** 	**ii** 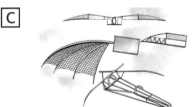
3 Le *VS-300*, premier hélicoptère moderne construit par Igor Sikorsky (1940)	**C**  	**iii** 
4 Premier planeur moderne conçu par George Cayley inspiré par le cerf-volant (début 1800)	**D** 	**iv** 

b) Associe chacune des légendes à l'illustration de l'engin historique qui convient.

c) Associe chaque illustration d'un engin historique à la version actuelle correspondante.

Pour en savoir plus!

Lis la rubrique L'histoire de l'aviation à la page 38 pour en connaître davantage sur cette invention.

RÉALISATION

a) Lis le texte suivant et observe attentivement les illustrations qui l'accompagnent.

- Un mathématicien suisse, Daniel Bernoulli, a découvert vers 1738 un principe physique que l'on allait appliquer plus de 100 ans plus tard à la **technologie** des machines volantes, les avions. Il a découvert que plus l'air se déplace rapidement, plus sa **pression** diminue.

- Le dessus de l'aile d'un oiseau est courbe et le dessous est plat. On façonne les ailes d'avion en observant les mêmes propriétés que celles des ailes d'oiseau.

- L'air circule plus rapidement sur l'aile (à cause de la courbure) qu'en dessous ; la pression de l'air est donc plus forte sous l'aile que dessus. C'est ce qui soutient l'aile et la supporte. Cela s'appelle la **portance.**

- Grâce aux idées de Bernoulli, un avion gros-porteur, pesant plus de 350 tonnes, est capable de décoller et de se maintenir en vol.

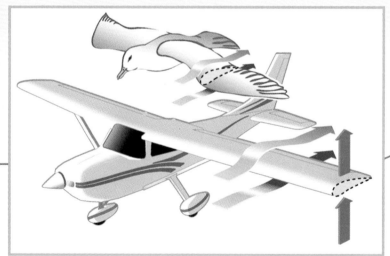

b) Choisis l'explication qui convient pour compléter la phrase suivante.

Les avions volent parce :

1. qu'ils sont moins pesants que l'air.

2. qu'ils ont des moteurs.

3. qu'ils sont supportés par l'air sous leurs ailes.

1 **a)** Observe l'illustration ci-dessous.

b) Comment se nomme l'appareil illustré ci-dessus ?

c) Qu'est-ce que cet appareil a de particulier ?

 2 **a)** Sur la feuille qu'on te remet, indique par des flèches bleues la circulation de l'air au-dessus et au-dessous des ailes.

b) Indique par des flèches rouges la **pression** de l'air au-dessus et au-dessous des ailes.

Pour, en savoir plus !

Lis la rubrique Profession : astronaute à la page 41 pour en connaître davantage sur ce métier.

Science et technologie	Vitesse de croisière	Altitude optimale de vol	Vol Paris-New York
Le *Concorde*	2150 km/h	18 000 m	3 h 45 min
Le *Boeing 747*	900 km/h	13 000 m	7 h 55 min

 **Les avions peuvent-ils voler à reculons ?**

La science et la technologie

La **science** est un ensemble de connaissances dans un domaine donné. Ces connaissances, élaborées de façon méthodique, sont certaines et vérifiables. La science nous dit par exemple que l'eau est une substance qui devient **solide** à 0 °C. C'est une connaissance qu'on peut vérifier.

La **technologie** c'est l'étude des outils, des machines, des matériaux, des techniques, des procédés.

- L'eau gèle à 0 °C. Cette connaissance est du domaine de la science.

- Inventer ou fabriquer un appareil, un procédé ou une méthode pour amener l'eau à 0 °C et la faire geler est du domaine de la technologie.

- Notre œil est composé, entre autres, du cristallin, qui est une lentille capable de changer de forme pour nous permettre d'avoir une vision claire, nette et précise. Cette connaissance est du domaine de la science.

- Un ou une spécialiste fabrique une lentille permettant à une personne qui voit mal d'avoir une vision parfaite. Les verres correcteurs sont du domaine de la technologie.

a) Dire que l'eau bout à 100 °C est-il du domaine de la science ou de la technologie?

b) Fabriquer une montgolfière qui monte dans les airs quand on chauffe l'air qu'elle contient est-il du domaine de la science ou de la technologie?

Les instruments de mesure

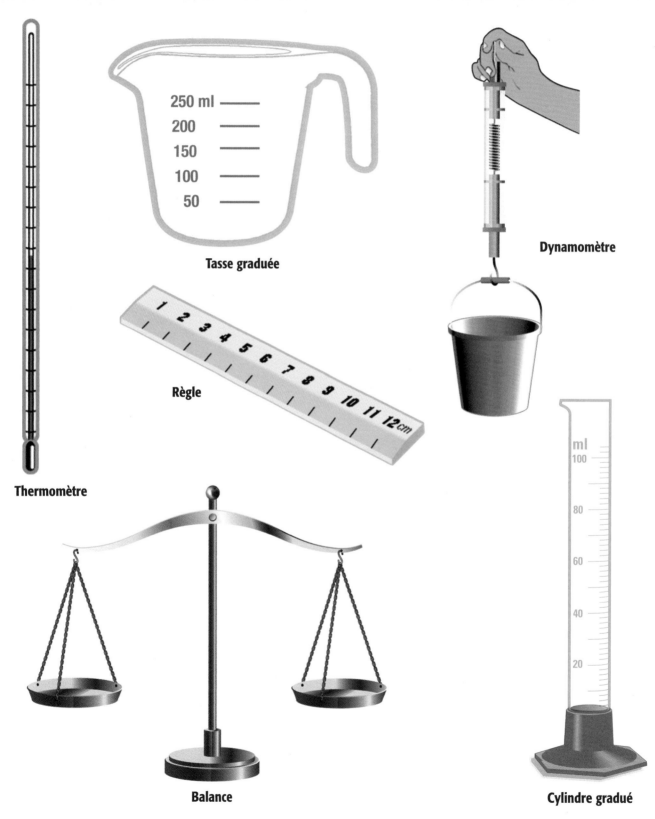

Tasse graduée

Règle

Thermomètre

Dynamomètre

Balance

Cylindre gradué

Isaac Newton (1642-1727)

Mathématicien, physicien et astronome, Isaac Newton fut l'un des plus grands scientifiques du monde. Ses grandes découvertes ont marqué l'Histoire et, aujourd'hui encore, elles inspirent les chercheurs et les chercheuses.

C'est probablement en observant les pommes tombant d'un pommier que Newton s'interrogea sur ce phénomène et élabora la loi sur la chute des corps, que l'on appelle aussi la théorie de la gravitation universelle.

SCIENCE ET TECHNOLOGIE

La flottabilité, une affaire de poussée

La poussée d'Archimède ! Tout corps (matière) plongé dans un liquide subit une poussée verticale, dirigée de bas en haut, égale au poids du volume du liquide déplacé. Qu'arrive-t-il à un bâton que tu plonges dans l'eau ? Il remonte rapidement à la surface de l'eau : l'eau pousse sur le bâton. Plus le bâton est gros, plus il déplace un gros volume d'eau et plus la poussée de l'eau est forte. Comprends-tu un peu mieux pourquoi les bateaux flottent même s'ils sont faits de métal ?

Flottera ou ne flottera pas, le sous-marin ?

Comment un sous-marin peut-il flotter ou s'enfoncer dans l'eau ? C'est simplement une question de **masse volumique** ! Les scientifiques ont trouvé le moyen de contrôler la **flottabilité** d'un sous-marin en faisant varier sa masse volumique totale.

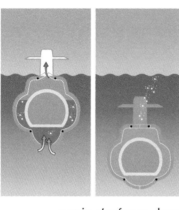

- Pour immerger un sous-marin, il faut que sa masse volumique totale soit égale ou supérieure à celle de l'eau de mer ; pour le faire flotter, il faut que cette masse volumique soit inférieure. Comment arrive-t-on à modifier la masse volumique du sous-marin ? À l'aide de compartiments étanches qu'on appelle ballasts.

- Quand les ballasts sont remplis d'air, le sous-marin flotte ; quand ils sont remplis d'eau, le sous-marin s'enfonce dans l'eau. Pour faire remonter un sous-marin en plongée, on expulse l'eau des ballasts et on la remplace par de l'air, mis en réserve dans des contenants sous pression.

On le savait : un bateau plein d'eau coule !

On le savait aussi : pour éviter de couler, on vide l'eau du bateau !

Que font les personnes qui travaillent en plongée sous-marine pour se maintenir plus facilement au fond de l'eau ?

Le *NIMITZ*, un géant

Le *NIMITZ* est un porte-avions américain, à propulsion nucléaire, qui a une masse de 97 000 tonnes. Il peut transporter 85 appareils (avions, hélicoptères, etc.) et un équipage de 6000 personnes. On y sert 18 000 repas par jour. Il est presque aussi long que quatre terrains de football et... il flotte !

Les changements d'état dans la vie quotidienne

Les objets en plastique que tu utilises quotidiennement ont été fabriqués en faisant subir au plastique des **changements d'état** : fusion et solidification. En voici quelques exemples.

- Des jouets ;

- Les boîtiers de radios, de téléviseurs, de baladeurs, de disques compacts ou de cassettes ;

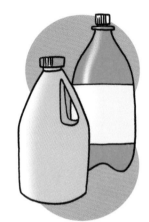

Plusieurs objets en métal ont aussi été fabriqués de la même manière : fusion et solidification.

- Des ustensiles de cuisine ;

- Certaines pièces d'automobile ;

- Des jouets.

On fait passer l'eau de l'état liquide à l'état solide (solidification) :

- à l'aréna, pour faire la glace sur laquelle on patine ;

- à la maison, pour faire des glaçons destinés à rafraîchir les boissons ;

- au centre de ski, pour fabriquer la neige artificielle.

Solide, liquide, gaz… à volonté, selon nos besoins.

À quelle température l'eau subit-elle une solidification ?

Des sensations très fortes !

La descente dans les montagnes russes fonctionne de façon très simple : une partie de l'**énergie potentielle** d'un wagon situé en haut du manège se transforme en **énergie cinétique** qui se traduit par la vitesse avec laquelle il plonge vers le bas.

Connaissant les pentes qu'ils et elles veulent utiliser, les ingénieurs et les ingénieures se basent sur l'accélération due à la gravité et sur la **masse** des wagons pour calculer les forces. Une fois ces forces connues, ils et elles conçoivent les courbes, l'inclinaison des rails, le choix des matériaux, etc. Les gens qui adorent les sensations fortes veulent toujours des manèges de plus en plus terrifiants !

Tu viens de voir qu'une fois les wagons de montagnes russes tirés en haut du manège, c'est la gravité qui les fait descendre. Nomme un sport d'hiver qui fonctionne exactement de la même manière et explique comment.

L'air chaud monte

Tu gonfles un ballon d'air. Si tu ne retiens pas le ballon, il tombe doucement au sol car il est plein d'air. L'air et le ballon sont attirés par la force d'attraction de la Terre.

Si tu chauffes l'air du ballon, les particules d'air vont s'activer et bouger dans tous les sens : le ballon se gonfle davantage et a tendance à monter.

Tu as déjà remarqué que l'air chaud venant d'un radiateur ou d'une bouche d'air chaud fait bouger un objet léger placé au-dessus (papier, rideau). C'est parce que l'air chaud monte et agite l'objet en passant. L'air chaud monte parce qu'il a reçu de l'énergie du radiateur ou d'une autre source d'énergie.

Les montgolfières

Une fois qu'on a gonflé le ballon d'une montgolfière avec de l'air chaud, on continue à chauffer l'air à l'intérieur du ballon à l'aide d'un brûleur au gaz, ce qui fait monter la montgolfière.

L'air chaud monte parce qu'il a plus d'**énergie cinétique.** À cause de son énergie, il échappe à la force d'attraction de la Terre. L'air froid descend parce qu'il a moins d'énergie cinétique. Il ne peut pas échapper à la force d'attraction terrestre.

a) Si on cesse de chauffer l'air de la montgolfière, que se passe-t-il ?

b) Quand on chauffe nos maisons l'hiver, pourquoi l'air chaud se tient-il au niveau du plafond ?

c) À quoi servent les ventilateurs de plafond qu'on installe dans nos maisons ?

Thalès de Milet (625–546 av. J.-C.)

L'**électricité statique** a été découverte il y a plus de 2500 ans par un philosophe qui vivait à Milet, en Asie Mineure. Il s'appelait Thalès de Milet. Il polissait un morceau d'ambre avec une étoffe, quand il s'aperçut que la poussière et des morceaux de tissus étaient attirés par l'ambre.

Elektron veut dire «ambre» en grec, et c'est de ce mot grec que vient le mot *électricité*. L'ambre est une résine dure et transparente que tu as peut-être déjà remarquée dans le film *Le parc jurassique*. C'est dans cette résine qu'étaient emprisonnés les restes d'insectes.

Quelle force te fait prendre des petits chocs sur les objets après avoir marché sur un tapis ou encore après avoir enfilé un chandail de laine?

ÉTHIQUE ET VALEURS

L'électricité au repos, pas toujours de tout repos!

L'**électricité statique** dite «électricité au repos» pose un problème sérieux aux travailleurs et aux travailleuses des industries. En effet, il ne se passe pas une journée sans qu'un incident ou même un accident causé par l'électricité statique se produise quelque part dans l'industrie. Pertes de vies, blessures, fermetures d'usines, ralentissement de la production, pertes d'emplois: les conséquences sont nombreuses.

Des entreprises fabriquent de l'équipement pour éliminer ou contrôler l'électricité statique: tapis conducteurs, équipement de mise à la terre, chaussures antistatiques, etc.

C'est la responsabilité des employeurs et des employeuses qui se doivent de connaître ces équipements et d'en promouvoir l'utilisation dans leur entreprise, mais c'est aussi la responsabilité des membres du personnel, car ceux-ci doivent les utiliser. Au fond, il faut chercher à éviter l'étincelle dangereuse.

Archimède et la vis à eau

La vis à eau compte parmi les nombreuses **machines simples** que l'on doit au génie d'Archimède. C'est un dispositif fort simple utilisé encore de nos jours dans les systèmes d'irrigation ou d'aqueduc pour faire passer l'eau à un niveau plus élevé. On fait tourner le serpentin à l'aide d'une manivelle : l'eau entre dans le serpentin, progresse jusqu'au haut de la **vis** et tombe dans le bassin surélevé.

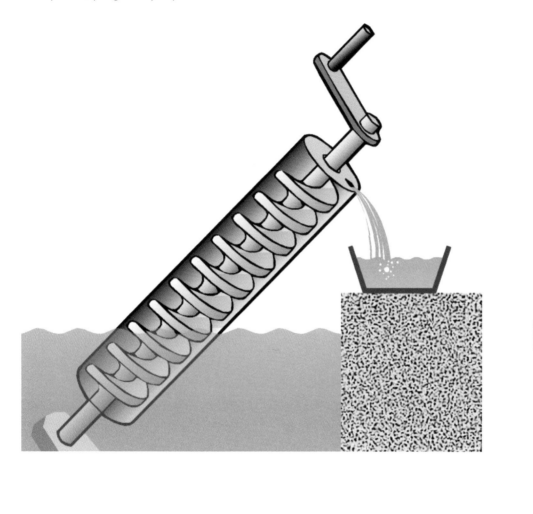

As-tu déjà remarqué que les copeaux de bois sortent automatiquement du trou quand on perce avec une perceuse électrique ? À quelle machine simple la mèche ressemble-t-elle ?

L'histoire de l'aviation

Les hommes ont toujours été fascinés par le vol des oiseaux et ont souvent tenté de les imiter. Quelques-uns ont réussi. Voici leur histoire.

- Léonard de Vinci (1452-1519) imagine et construit des machines volantes à propulsion humaine qui imitent le vol des oiseaux. L'Histoire ne nous dit pas s'il a réussi…

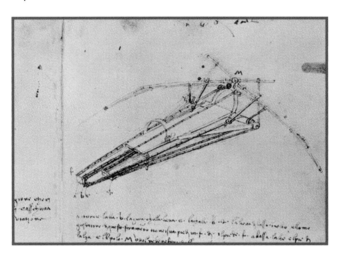

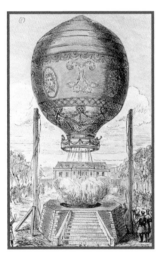

- En 1784, Étienne et Joseph Montgolfier construisent un ballon à air chaud qui transporte deux hommes au-dessus de Paris sur une distance de 8 km. Ces ballons portent maintenant leur nom et s'appellent des montgolfières.

- Georges Cayley (1773-1857), un Anglais considéré comme le père du vol au moyen d'appareil à voilure fixe, conçoit le premier planeur moderne.

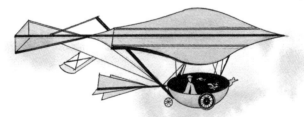

- Vers 1889, Otto et Gustav Lilienthal jettent les bases du vol à voile avec leur planeur.

- En 1890, en France, Clément Ader, qui a imaginé le mot « avion » s'élève à 20 cm du sol et parcourt 50 m avec sa machine volante *Éole* propulsée par un moteur à vapeur de 20 chevaux. Il tente, sans succès, de perfectionner son appareil. Il est subventionné par le ministère de la Guerre…

• En 1903, aux États-Unis, premier vol stabilisé d'un appareil à moteur par les frères Wilbur et Orville Wright. Un vol stabilisé est un vol qui est contrôlé par l'homme, où la machine n'est pas un projectile mais est portée par l'air. Au cours de cet exploit qui dure 59 secondes, Wilbur parcourt 260 m à quelques mètres du sol. En 1905, leur *Flyer* peut tenir l'air sur 39 km à la vitesse de 61,5 km/h.

• En 1909, Louis Blériot traverse la Manche à bord du *Blériot XI* ; en 1912, Jules Védrines dépasse les 100 km/h à bord d'un *Deperdussin* ; en 1913, Roland Garros traverse la Méditerranée avec le *Morane-Saulnier*.

• En 1913, Igor Sikorsky fabrique le premier avion destiné au transport des passagers ; c'est le plus gros avion de l'époque. En 1940, il réussira à faire voler un hélicoptère monorotor.

• La Grande Guerre de 1914-18 fait faire des progrès considérables à l'aviation. L'avion se révèle une formidable machine de guerre : avions d'observation d'abord, les appareils sont vite devenus des chasseurs et c'est avec des revolvers et des carabines que les pilotes s'affrontent. Plusieurs milliers de pilotes des deux camps perdent la vie, victimes des combats mais aussi du manque de fiabilité des appareils de l'époque.

- Suit la période des dirigeables. En 1937, des dirigeables allemands transportent depuis plusieurs années déjà des passagers au-dessus de l'Atlantique. Le *Graf Zeppelin* et le *Hidenberg* sont les derniers à le faire. Filant à 130 km/h, transportant près de 100 passagers, le *Hidenberg* est le plus luxueux de tous : cabines, salon, bar, fumoir. Il prend feu le 6 mai 1937 et met fin à l'ère des dirigeables.

- Le 21 mai 1927, Charles Lindberg relie sans escale New York à Bourget, en France, à bord du *Spirit of St-Louis*, après 33 heures de vol.

- Entre 1930 et 1940, un Anglais, Frank Whittle, et un Allemand, Hans Von Ohain, mettent au point, chacun de leur côté, le moteur à réaction. Plus puissant que le moteur à pistons qui actionne une hélice, le moteur à réaction permet à l'avion de voler plus vite et à une plus grande altitude.

- Les premiers avions de ligne à réaction font leur apparition vers 1952. Les compagnies mettent plusieurs années à perfectionner cette technologie et les accidents sont nombreux. Et commence l'époque des *De Havilland Comet*, des *Boeing*, des *Tupolev*, des *Caravelle*, des *Airbus* et du *Concorde*. Le règne de l'aviation commerciale est établi et presque toutes les compagnies ont des avions à réaction.

- … et l'homme regarde vers les étoiles…

Profession : astronaute

Les astronautes sont des scientifiques et des ingénieurs qui vont dans l'espace pour tirer parti des conditions d'apesanteur et mener des expériences à bord d'une navette ou d'une station orbitale. Leurs travaux sont essentiellement axés sur les **sciences** et les **technologies** spatiales ainsi que sur les sciences de la vie. Les expériences se déroulent aussi bien dans l'espace que sur la Terre.

Les astronautes sont tenus de suivre une formation scientifique intensive de même qu'un entraînement de base sur l'exploitation des systèmes du vaisseau spatial. À bord de la navette spatiale, ils se répartissent en trois catégories : les pilotes qui sont chargés des opérations de vol et de l'ensemble des commandes de pilotage de la navette, les spécialistes de mission entraînés pour utiliser les systèmes complexes et multiples de la navette et les spécialistes de charge utile qui doivent mener une ou plusieurs expériences pendant une mission à bord de la navette spatiale.

Quel genre de personnes deviennent astronautes ?
Les personnes qui ont le plus de chances d'être choisies doivent...

- obtenir au moins un diplôme d'études supérieures en sciences ou en génie ;

- devenir compétentes dans plus d'une discipline ;

- cultiver l'art de parler en public, de préférence en anglais et en français ;

- démontrer de l'intérêt pour leurs semblables en prenant part à des activités communautaires ;

- se tenir en forme ;

- acquérir un bagage de connaissances sur des sujets liés à l'aérospatiale ;

- acquérir de l'expérience comme pilotes, parachutistes et plongeurs autonomes ;

- envisager la possibilité de travailler pour un employeur du secteur aérospatial pendant les vacances afin d'acquérir une expérience pratique.

Nos astronautes canadiens sont des êtres complets possédant un curriculum vitae très impressionnant. Voici celui de Mme Julie Payette.

Julie Payette, astronaute

Julie Payette est née le 20 octobre 1963 à Montréal. Elle est une adepte de la course à pied, du ski, des sports de raquette et de la plongée sous-marine. Musicienne, elle est choriste et pianiste. Elle détient une licence de pilote professionnelle en vol aux instruments et en pilotage d'hydravion.

Cette astronaute détient un baccalauréat international (1982), un baccalauréat en génie électrique (1986) et une maîtrise en sciences appliquées (génie informatique, 1990). Elle est membre de l'Ordre des ingénieurs du Québec depuis 1995. Au cours de sa formation, elle obtient plus d'une douzaine de distinctions honorifiques, toutes aussi prestigieuses les unes que les autres.

Elle est sélectionnée par l'Agence spatiale canadienne à titre d'astronaute canadienne en juin 1992, parmi un groupe de 5330 personnes. Elle obtient sa licence de pilote commercial et étudie le russe au cours de sa préparation à une mission spatiale.

En plus d'être opératrice de scaphandre pressurisé en eaux profondes, elle a le grade de capitaine sur les avions militaires *CT-114*. Elle commence un entraînement à la NASA en 1996 et est reçue spécialiste de mission en 1998.

Du 27 mai au 6 juin 1999, Mme Payette fait partie de l'équipage de la mission STS-96 à bord de la navette spatiale *Discovery*. Au cours de cette mission de 10 jours, où elle occupe la fonction de spécialiste de mission, l'équipage réussit le premier arrimage manuel de la navette à la Station spatiale internationale. Mme Payette est la première Canadienne à travailler à l'assemblage de cette station et à monter à son bord. Depuis septembre 2000, Julie Payette est astronaute en chef de l'Agence spatiale canadienne.

Dans Terre et espace,

il est question de notre planète, de l'environnement et de la Terre dans l'Univers.

Dans cette section, tu développeras tes compétences de diverses façons :

- tu découvriras les types de sols et leurs propriétés ;
- tu distingueras les cristaux des roches ;
- tu enrichiras tes connaissances sur les fossiles et les dinosaures ;
- tu te familiariseras avec la biomasse et les ressources renouvelables et non renouvelables ;
- tu constateras les effets de la rotation de la Terre sur l'observation des étoiles ;
- tu aborderas la notion de force de gravitation ;
- tu observeras la composition de l'Univers ;
- tu t'initieras à la météorologie, à ses systèmes et à ses instruments.

Consulte les textes **Info** à la fin de la section pour approfondir tes connaissances.

thème

Sous tes pieds

*As-tu déjà caché tes orteils dans le sable ? As-tu déjà construit des châteaux de **sable** ? Est-ce que tu as un potager à la maison ? As-tu déjà vu du **compost** ?*

Tu apprendras les propriétés de trois types de sols.

Tu pourras identifier ces types de sols à partir de leurs propriétés.

PRÉPARATION

a) Lis la situation suivante et observe attentivement l'illustration qui l'accompagne.

*Pour la fête des Mères, les jumeaux Stéphano et Roberto veulent faire une belle surprise à leur maman. Ils ont l'intention de lui remettre des plants de fines herbes qu'ils auront fait pousser en classe dans le cadre d'un projet d'horticulture. Leur premier défi est de choisir le meilleur type de **sol** pour leurs fines herbes. Leur enseignante, Mme Bellefleur, leur a laissé trois possibilités.*

Pour en savoir plus !

Lis la rubrique Le sable et les autres sédiments à la page 71 pour en connaître davantage sur ce sujet.

b) Essaie d'identifier les trois types de sols que propose Mme Bellefleur. Associe chaque type de sol à un sac.

> sable   argile   terre noire (terre à jardin)

c) Compare tes associations avec celles d'un ou d'une camarade.

d) Si tu faisais le projet, quel type de sol prendrais-tu pour tes plants de fines herbes ?

e) Dis pourquoi tu choisirais ce type de sol.

1 **a)** Lis le tableau suivant.

Il existe différents types de **sols.** En voici trois, avec quelques-unes de leurs propriétés.

Trois propriétés de trois types de sols

Sol	Couleur	Texture	Perméabilité
Humus	Brun foncé ou noire.	Plutôt rugueuse.	Bonne, garde juste assez d'eau.
Sable	Pâle, en général.	Granuleuse.	Très grande, ne retient pas l'eau.
Argile	Brun moyen ou grise.	Glissante et grumeleuse.	Faible, ne laisse passer ni l'air ni l'eau.

b) Reproduis le tableau ci-dessous et écris le nom du type de sol associé à chacun des indices. Consulte le tableau ci-dessus pour interpréter les indices.

Indices	Types de sols
1. Ce sol est dur et forme des mottes quand il est sec.	
2. Ce sol est pesant et glissant quand il est humide, et il peut être moulé.	
3. C'est le sol des plages et des déserts.	
4. Ce sol est riche en éléments nutritifs.	
5. Ce sol favorise la croissance des plantes.	
6. Ce sol est léger et glisse facilement entre les doigts.	
7. Ce sol est utilisé dans les potagers et les champs agricoles.	

c) Lequel des sols suivants absorbe le plus de chaleur et, par conséquent, se réchauffe le plus vite? Explique ta réponse.

L'humus.   Le sable.   L'argile.

Attention !

Indice: lorsqu'il fait chaud l'été, quelle couleur de vêtement permet de mieux supporter la chaleur: le noir ou le blanc?

2 Lis la situation suivante et observe attentivement les illustrations.

Ces trois pots contiennent la même quantité de **sol** mystère. Lequel contient de l'**humus**? Lequel contient du **sable**? Lequel contient de l'**argile**? Pour t'aider, on a mis un litre d'eau dans chaque pot.

a)

b)

c)

INTÉGRATION ET RÉINVESTISSEMENT

a) Associe chacun des types de sols suivants à l'illustration qui convient.

> argile   humus   sable

1

2

3

b) Lequel de ces sols est le plus favorable à la croissance des végétaux?

c) Vérifie les réponses que tu as données à la page 44. Au besoin, apporte des corrections.

Pourquoi y a-t-il des tremblements de terre?

Sur la trace des dinosaures

*As-tu déjà observé tes traces de pas dans la neige ? As-tu
déjà vu des pistes d'animaux dans les bois ? Comment
peux-tu savoir qu'un animal est passé par un endroit ?*

PRÉPARATION

a) Lis la situation suivante et observe les illustrations qui l'accompagnent.

*Nadège, qui aime beaucoup les roches, a emprunté un livre sur
ce sujet à la bibliothèque municipale. Elle ne sait pas encore lire,
mais elle regarde les images. Puis, elle aperçoit cette illustration.*

> Tu enrichiras tes connaissances
> sur les dinosaures.
>
> Tu verras qu'on connaît les
> dinosaures uniquement par
> leurs fossiles.

b) Tu peux certainement aider Nadège à identifier l'illustration. Choisis
les deux énoncés qui expliquent le mieux ce que représente
cette illustration.

1. Cette roche contient un **fossile,** la trace d'un être vivant.

2. C'est un poisson vivant dans le sable.

3. C'est un fossile de **dinosaure.**

4. C'est une trace de poisson mort il y a très longtemps.

5. C'est un poisson resté collé dans la roche.

Tête chercheuse

Les paléontologistes
étudient les fossiles.
Ce sont les seules sources
d'informations fiables que
nous ayons sur les animaux
et les végétaux qui vivaient
sur la Terre il y a des
millions d'années.

RÉALISATION

a) Parmi les animaux disparus depuis très longtemps, tu connais
sans doute les dinosaures.

À quelle classe d'animaux les dinosaures appartiennent-ils ?

Poissons	Monstres	Reptiles	Oiseaux	Mammifères

b) Lis les énoncés suivants sur les **dinosaures.** Trouve l'énoncé qui est faux.

    1. Les dinosaures n'existent plus.

    2. Les hommes des cavernes chassaient les dinosaures pour se nourrir de leur chair.

    3. Certains dinosaures étaient petits comme une poule et d'autres, grands comme une maison de trois étages.

    4. Certains dinosaures mangeaient de l'herbe et d'autres mangeaient la chair des animaux.

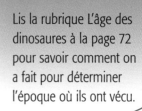

Lis la rubrique L'âge des dinosaures à la page 72 pour savoir comment on a fait pour déterminer l'époque où ils ont vécu.

c) Laquelle de ces traces pourrait être celle d'un pied de dinosaure ?

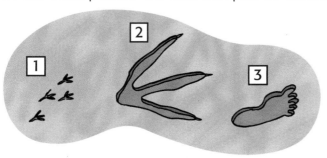

d) Lis le texte suivant et observe la ligne du temps qui l'accompagne.

- Les dinosaures sont des reptiles qui ont vécu sur la Terre il y a très longtemps pour toi, mais pas si longtemps si l'on considère l'histoire de la Terre sur des centaines de millions d'années. La ligne continue représente l'âge de la Terre ; la section jaune représente la période où les dinosaures ont vécu.

Formation de la Terre

Échelle : 1 mm = 30 000 000 années

Âge des dinosaures
Âge des mammifères
Apparition de l'être humain

Remarque que les êtres humains et les dinosaures n'ont jamais vécu en même temps sur la Terre.

- Les **paléontologues,** les spécialistes de l'histoire des êtres vivants, connaissent les dinosaures uniquement grâce à l'étude de leurs **fossiles** :
  - les fossiles de leurs dents montrent s'ils étaient **herbivores** ou **carnivores** ;
  - les fossiles de leurs os donnent des indices sur leur taille ;
  - les fossiles de leur peau montrent si elle était lisse ou couverte d'écailles ;
  - les fossiles de leurs œufs et de leurs petits nous donnent des indices sur leur mode de reproduction.

- Seulement quelques dinosaures ont été emprisonnés dans des **sédiments,** puis se sont **minéralisés** et **fossilisés** avec les années. L'usure et l'**érosion** de l'écorce terrestre par le vent et l'eau font qu'on découvre un jour ces fossiles en surface.

La chair du dinosaure se décompose.

Les os restés intacts sont tranquillement ensevelis sous des couches de sédiments.

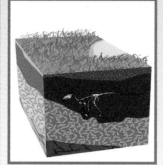

Enterrés sous des couches de sédiments durant une très longue période, les os du dinosaure et les sédiments deviennent de la roche.

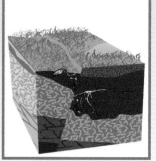

Des millions d'années plus tard, les mouvements de la croûte terrestre et l'érosion ramènent le fossile près de la surface.

INTÉGRATION ET RÉINVESTISSEMENT

1 Le plus souvent, les paléontologues retrouvent seulement des parties de fossiles de dinosaures.

Donne trois types de renseignements que les parties de fossiles peuvent révéler.

2 Existe-t-il des fossiles d'humains ? Explique ta réponse.

Pour en savoir plus!

Lis la rubrique Profession : paléontologue à la page 73 pour en connaître davantage sur cette profession.

Pourquoi les dinosaures sont-ils disparus ?

thème

12

La magie des cristaux

As-tu déjà vu un vrai diamant ? Connais-tu le nom de ta pierre de naissance ? Sais-tu de quelle couleur est le saphir ? le rubis ? l'émeraude ?

- Tu apprendras à distinguer un cristal d'une roche.
- Tu enrichiras tes connaissances sur la formation des cristaux.

PRÉPARATION

a) Lis la situation suivante et observe les illustrations qui l'accompagnent.

On trouve plusieurs boutiques spécialisées dans les pierres et les cristaux. C'est dans une de ces boutiques que Justine et Jeanne ont découvert une pure merveille de la nature, l'améthyste.

Améthyste

b) Les deux filles croient qu'il s'agit d'une sorte de roche, mais le vendeur leur explique que c'est plutôt un **cristal.** Qu'est-ce qui distingue le cristal (améthyste) de la roche (conglomérat) ?

Observe les illustrations et nomme deux différences.

Conglomérat

1 **a)** Observe les illustrations suivantes.

b) Repère celles qui représentent des **cristaux.**

Pour en savoir **plus!**

Lis la rubrique Histoires de diamants à la page 74 pour connaître les diamants les plus célèbres.

1. Grenat

2. Améthyste

3. Pyrite

4. Or

Science et vie

On peut trouver des améthystes assez facilement et en grande quantité. Cette pierre n'est pas rare, elle ne coûte donc pas cher. L'améthyste est une pierre semi-précieuse. Le diamant est plus rare, on en fait des bijoux très chers. Le diamant est une pierre précieuse.

5. Granit

6. Grès

c) Pourquoi as-tu fait ce choix ? Donne une ou plusieurs raisons.

d) Compare tes réponses avec celles d'un ou d'une camarade.

2 Lis le texte suivant.

- On donne le nom de **cristal** à tous les solides qui ont une organisation interne spéciale, c'est-à-dire une disposition régulière. Le sel, le sucre, la glace et la neige sont des cristaux que tu connais bien.

- On obtient des cristaux quand un solide se forme par solidification à partir d'un liquide, par exemple, lorsqu'on fabrique des glaçons au congélateur. Des cristaux peuvent aussi se former par dépôt, par exemple, lorsque le miel cristallise dans son pot.

- Les pierres précieuses sont un autre exemple de cristaux. Ceux-ci sont plus rares et sont formés dans la roche à de hautes températures et à une grande pression. Le diamant, le saphir, le rubis et l'émeraude sont des pierres précieuses ; le quartz rose, l'améthyste et l'onyx sont des pierres semi-précieuses.

INTÉGRATION ET RÉINVESTISSEMENT

a) Parmi les situations suivantes, lesquelles pourraient entraîner la formation de cristaux ?

1. Tu verses du bain moussant dans l'eau de la baignoire.

2. Ta maman met du jus dans le congélateur pour en faire des barres glacées.

3. Tu te prépares une tasse de chocolat chaud.

4. Tu laisses le beurre dans l'armoire par un après-midi chaud d'été.

5. Ton papa cuisine du sucre à la crème.

b) À partir de tout ce que tu as appris sur les cristaux, explique pourquoi les pots de confiture sont souvent difficiles à ouvrir.

Pour en savoir plus !

Lis la rubrique Le prix d'un diamant à la page 76 pour connaître les liens qui existent entre les diamants et certaines guerres.

Comment le charbon peut-il se changer en diamant ?

Un trésor dans nos poubelles

Sors-tu parfois les sacs d'ordures de la maison ? Sais-tu où vont ces sacs ? Fait-on le tri des déchets chez toi ? À quoi cela sert-il ?

PRÉPARATION

a) Lis la situation suivante et observe attentivement l'illustration.

Ce soir, Mathilde garde ses deux petits voisins, Thomas et William. Ils sont enfin au lit et elle peut mettre un peu d'ordre dans la maison. Vite ! Il faut ramasser les restes du souper et des bricolages avant le retour des parents ! Dans la cuisine, Mathilde trouve une poubelle et deux bacs. Comme elle ne veut pas se tromper dans son triage de déchets, elle observe attentivement le contenu de chacun des bacs.

> **Tu distingueras les ressources renouvelables et les ressources non renouvelables.**
>
> **Tu apprendras ce qu'est la biomasse.**

> **Science et vie**
>
> Les déchets que nous produisons renferment 50 % de matière organique (matière qui provient d'un vivant). Transformer cette matière organique en compost réduit la quantité de déchets dont il faut se débarrasser. De plus, le compost agit comme un engrais et améliore la qualité du sol.

b) Voici quelques objets que Mathilde doit jeter. Aide-la à les classer en donnant la couleur du bac dans lequel il faut les mettre.

c) Décris le bac qui contient des déchets pouvant produire du **compost.**

1 Le tableau suivant regroupe des **sources d'énergie non renouvelables** d'un côté et des **sources d'énergie renouvelables** de l'autre. Reproduis le tableau et replace les lettres dans le bon ordre pour former les mots.

Tableau des sources d'énergie

Sources d'énergie non renouvelables	Sources d'énergie renouvelables
EÉLOPRT	EILLOS
ABCHNOR	ENTV
EHILU	AEU
AGZ AELNRTU	AEMSSOIB

2 Parmi tous les déchets ci-dessous, lesquels font partie de la **biomasse,** c'est-à-dire qu'ils peuvent se décomposer dans la terre et former du **compost**?

f)

b)

d)

a)

c)

e)

g)

3 Lis le texte suivant.

- Nous utilisons beaucoup d'énergie pour vivre, fabriquer les objets, chauffer les maisons, déplacer les véhicules, etc. Les choses qui produisent de l'énergie s'appellent des **ressources énergétiques.**

- Les ressources énergétiques qui ne se reforment pas rapidement sont des **ressources non renouvelables.** *Exemples :* le pétrole, le charbon et le gaz naturel finissent par s'épuiser ; il faut donc faire très attention à ne pas les gaspiller.

- Les ressources énergétiques qui se reforment rapidement sont des **ressources renouvelables.** *Exemples :* le soleil, le vent, l'eau et la matière organique d'une biomasse sont facilement disponibles.

- La biomasse, c'est la masse totale de matière vivante dans un milieu précis. *Exemple :* nos déchets forment une biomasse importante ; les ordures ménagères (**matière organique** animale ou végétale), les déchets de bois, des récoltes et de l'entretien paysager.

- Cette biomasse peut être utilisée de façon profitable. *Exemples :* en la brûlant ou en recueillant les gaz formés par sa décomposition, elle peut fournir de la chaleur ; en la laissant se décomposer, elle produit du compost, utile pour améliorer la qualité du sol.

a) Observe attentivement les illustrations ci-dessous qui représentent diverses utilisations de **ressources énergétiques.**

b) Lesquelles de ces illustrations représentent l'utilisation de **ressources énergétiques renouvelables.**

c) Quelle illustration représente l'utilisation de la **biomasse** comme ressource énergétique.

Pour, en savoir plus!

Lis la rubrique L'énergie géothermique à la page 77 pour en connaître davantage sur cette source d'énergie méconnue.

Y a-t-il de la pollution dans l'espace?

La danse de la Terre

14

*As-tu déjà contemplé un lever ou un coucher de soleil ?
Connais-tu le nom d'une **étoile** ? Peux-tu toujours la voir
au même endroit dans le ciel ?*

> Tu apprendras que la rotation
> de la Terre fausse nos
> perceptions des astres.

PRÉPARATION

a) Lis la situation suivante et observe les illustrations qui l'accompagnent.

*Laure et Raphaël profitent du temps splendide pour passer la journée
à la plage. Ils installent un parasol afin de se protéger un peu
des rayons brûlants du soleil.*

b) Laure et Raphaël sont embêtés. Aide-les à comprendre ce qui se passe.
Donne ton explication.

c) Parmi les phrases suivantes, laquelle explique la situation ?

1. Le Soleil tourne autour de la Terre, ce qui explique que Laure
   n'est plus à l'ombre.

2. La Terre tourne sur elle-même, ce qui fait que la position
   des enfants change par rapport au Soleil.

3. Pour jouer un tour à Laure, Raphaël a déplacé le parasol,
   qui ne protège plus les enfants des rayons du soleil.

1 Prépare-toi à faire une petite expérience. Suis bien les consignes
et réponds aux questions.

a) Lève-toi et fais un tour sur toi-même, lentement et en observant
bien tous les objets qui t'entourent.

b) Parmi tous les objets, choisis-en un en particulier et nomme-le.

c) Refais lentement un tour sur toi-même. Remarque quand tu vois
ton objet et quand tu ne le vois plus.

d) Avais-tu l'impression que les objets se déplaçaient devant tes yeux ?

e) Qui se déplaçait réellement ? Les objets ou toi ?

2 Lis le texte suivant.

- Notre planète, la Terre, tourne sur elle-même (**rotation**), créant ainsi le cycle des jours et des nuits.

- À mesure que la Terre tourne, le Soleil et les **étoiles** semblent se déplacer dans le ciel. Il est important de te rappeler que c'est la Terre qui tourne autour du Soleil et non le Soleil qui tourne autour de la Terre.

- À cause de la rotation de la Terre, le Soleil semble « se lever » le matin à l'est et « se coucher » le soir à l'opposé, soit à l'ouest. Une rotation complète se fait en 24 heures, soit 1 jour.

3 Dis ce que toi et les différents objets pouvaient représenter dans l'expérience du numéro **1** . Tu peux t'aider de la situation de la page précédente et du texte ci-dessus.

a) Je représentais :

b) L'objet que j'avais choisi représentait :

c) Tous les autres objets représentaient :

4 À partir de cette expérience, complète les deux phrases ci-dessous à l'aide des mots suivants.

> rotation   Soleil   autour   étoiles   Terre

La **a)** _____ tourne sur elle-même en un mouvement

de **b)** _____ .

Nous avons l'impression que ce sont les objets **c)** _____

d'elle qui se déplacent, mais le **d)** _____ et les

e) _____ ne se déplacent pas par rapport à la Terre.

INTÉGRATION ET RÉINVESTISSEMENT

1 Vérifie les réponses que tu as données à la page 56. Au besoin, apporte des corrections.

2 **a)** Observe l'instrument de mesure ci-contre.

   b) Quel est le nom de cet instrument ancien ?

     1. Un thermomètre antique.

     2. Un cadran solaire.

     3. Un chronomètre.

     4. Une assiette décorative.

   c) Cet instrument indiquait-il l'heure ou la température ?

   d) Comment fonctionnait-il ? Choisis la bonne explication parmi les suivantes.

     1. Durant la journée, l'ombre de la tige changeait de longueur et de position sur le plateau.

     2. Il fallait le tourner à mesure que la Terre tournait en pointant le Soleil.

     3. Il fallait le brancher ou mettre des piles.

     4. La tige tournait en fonction de la température. Plus la température était élevée, plus la tige tournait vite.

Pour en savoir plus !

Lis la rubrique Histoire de la mesure du temps à la page 79 pour en connaître davantage sur ce sujet.

Je veux savoir !

Pourquoi le Soleil paraît-il rouge quand il « se lève » et « se couche » ?

Tu m'attires !

T'arrive-t-il parfois de renverser un verre de lait ou de jus ? T'est-il déjà arrivé de tomber en courant ou en patinant ? Pourquoi sauter à la corde est-il si fatigant ?

Tu aborderas la notion de la force de gravitation.

PRÉPARATION

a) Lis la situation suivante et observe les illustrations qui l'accompagnent.

Alicia prépare une activité pour son club d'amis et d'amies. Comme ses camarades aiment beaucoup jouer au jeu « Trouvez l'intrus », elle a décidé d'en fabriquer un avec des illustrations trouvées dans des revues et des livres. Voici celles qu'elle a choisies.

b) Selon toi, quelle illustration représente l'intrus ?

c) Pourquoi as-tu choisi cette illustration ?

RÉALISATION

1 Lequel des énoncés suivants explique pourquoi les objets tombent par terre si on ne les retient pas ?

a) Parce qu'ils sont plus pesants que l'air.

b) Parce que la Terre attire les choses vers elle.

c) Parce qu'ils sont poussés vers le sol par l'air.

2 **a)** Pour chaque paire d'objets, prédis celui qui touchera le sol en premier si tu laisses tomber les deux objets en même temps de la même hauteur.

1. Un trombone et un étui à crayons.

2. Une gomme à effacer et un crayon.

3. Un crayon et un mouchoir.

4. Une feuille et une gomme à effacer.

Science et technologie

Afin d'éviter que des objets ou des instruments «flottent» partout dans un vaisseau spatial, on utilise le velcro pour les immobiliser. On fait de même pour les astronautes lorsqu'ils et elles dorment!

b) Lève-toi et fais l'expérience. Fais bien attention de laisser tomber les objets en même temps et de la même hauteur; observe attentivement leur arrivée au sol. Dans chaque cas, quel objet touche le sol en premier?

1. Un trombone et un étui à crayons.

2. Une gomme à effacer et un crayon.

3. Un crayon et un mouchoir.

4. Une feuille et une gomme à effacer.

c) Pourquoi les objets plus lourds arrivent-ils au sol plus vite que les objets moins lourds?

3 Lis attentivement le texte qui suit.

- Depuis des milliards d'années, les planètes tournent autour du Soleil parce qu'il les retient grâce à une force d'attraction appelée **force de gravitation,** force de gravité ou force d'attraction gravitationnelle.

- La Terre retient la Lune de la même manière que le Soleil retient la Terre : par la force de gravitation.

- C'est la force de gravitation de la Terre qui retient tout ce qui se trouve à sa surface. C'est pourquoi tout ce qui monte finit par redescendre, attiré par la Terre.

- Tous les **astres** exercent une force de gravitation, mais cette force n'est pas la même pour tous. Elle dépend, entre autres, de la taille et de la masse des astres. Ainsi, la force de gravitation est six fois plus faible sur la Lune que sur la Terre. Sur Jupiter, par contre, elle est environ deux fois plus forte que sur la Terre.

a) Observe l'illustration ci-contre.

b) Laquelle des phrases suivantes donne l'explication la plus logique de cette illustration ?

1. Cet homme est en état d'**apesanteur** dans un sous-marin.

2. Cet homme est très léger parce qu'il a suivi un régime miracle.

3. Cet homme est en état d'apesanteur dans une navette spatiale.

4. C'est une photographie truquée : l'homme est retenu par des fils invisibles.

c) Observe les deux illustrations suivantes. Est-ce que les choses ont toujours le même poids, peu importe où elles se trouvent ?

d) Si, dans l'illustration de gauche, l'homme se trouve sur la Terre, où se trouve-t-il dans l'illustration de droite ?

1. Il est sur la Lune.   2. Il est au Japon.   3. Il est sur Jupiter.

e) Dans l'illustration de droite, pourquoi l'homme peut-il soulever si facilement le même poids que l'homme dans l'illustration de gauche ?

Comment les astronautes font-ils et elles pour se déplacer dans l'espace ?

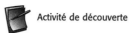

Trouver son étoile

*As-tu déjà contemplé le ciel étoilé ? Pourquoi penses-tu qu'on voit mieux les **étoiles** à la campagne qu'à la ville ? Penses-tu qu'une étoile réelle a cinq pointes ★ ?*

> Tu prendras conscience de l'immensité de l'Univers et de ses nombreuses galaxies.
> Tu verras ce que sont les constellations et leur raison d'être.

PRÉPARATION

a) Lis le texte suivant.

Marika et Julie-Maude font une recherche sur les étoiles. Mais elles ont un problème avec les nombres dont on parle dans les livres. On parle de millions, de milliards… Ouf ! Tout ça est plutôt difficile ! Elles décident de consulter leur enseignant, M. Sentenne, qui leur remet une feuille avec le tableau suivant.

Tableau pour s'y retrouver avec les grands nombres

Nombre	Nom du nombre
10	dix
	mille
10 000	
	Cent mille
	Dix millions
100 000 000	Cent millions
	Un milliard
	Dix milliards
100 000 000 000	Cent milliards
	Un billion

Attention !

Indice : chaque nombre comporte un zéro de plus que le nombre de la ligne précédente.

Science et technologie

Dans l'Univers, les distances sont tellement grandes que l'on ne peut pas les exprimer en kilomètres, sinon les nombres seraient… astronomiques ! En astronomie, les distances s'expriment en années-lumière et en secondes-lumière.

b) Sur la feuille qu'on te remet, ajoute les nombres qui manquent dans la colonne de gauche.

c) Écris les nombres en lettres dans la colonne de droite.

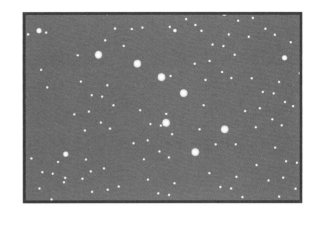

1 **a)** Observe les **étoiles** les plus brillantes dans l'illustration ci-contre.

b) Les peuples de l'Antiquité avaient donné le nom de «Grande Ourse» à cette formation d'étoiles. À quel objet la forme de cette **constellation** te fait-elle penser?

c) Dis si chacun des énoncés suivants est vrai ou faux.

   1. Les étoiles d'une constellation sont réellement reliées entre elles.

   2. Les étoiles d'une constellation peuvent être très éloignées les unes des autres.

d) Lis le texte suivant.

Pour en savoir plus!

Lis la rubrique Les distances en astronomie à la page 82 pour savoir ce qu'est une seconde-lumière.

- L'immensité de l'**Univers** est très difficile à imaginer.

- La Terre et les autres planètes tournent autour du Soleil, qui est une étoile.

- Le Soleil, avec des milliards d'autres étoiles, forment un amas d'étoiles en forme de spirale: c'est notre **Galaxie,** la Voie lactée.

- On sait qu'il y a des milliards de galaxies comme la nôtre qui contiennent chacune des centaines de milliards d'étoiles semblables à notre Soleil. Jusqu'à présent, les **astronomes** ont pu découvrir «seulement» quelques millions de galaxies. La plus proche de nous est la galaxie d'Andromède.

- Pour s'y retrouver parmi toutes les étoiles visibles, les gens qui vivaient dans l'Antiquité ont regroupé les plus brillantes par des lignes imaginaires pour former des animaux, des personnages ou des objets. Ces groupes d'étoiles sont des constellations. Parmi les 88 constellations, la Grande Ourse est la plus célèbre et la plus facile à voir.

2 La température d'une **étoile** détermine sa couleur.

a) Lis le texte « La couleur des étoiles que tu observes » à la page 83.

b) Dis de quelle couleur sont les cinq étoiles suivantes, qui peuvent être vues dans le ciel au Québec.

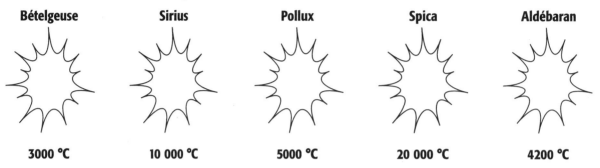

Bételgeuse	Sirius	Pollux	Spica	Aldébaran
3000 ℃	10 000 ℃	5000 ℃	20 000 ℃	4200 ℃

c) Pourquoi toutes les étoiles nous paraissent-elles blanches ?

INTÉGRATION ET RÉINVESTISSEMENT

a) Sur une feuille, dessine un ciel étoilé dans lequel certaines étoiles brillent plus que d'autres.

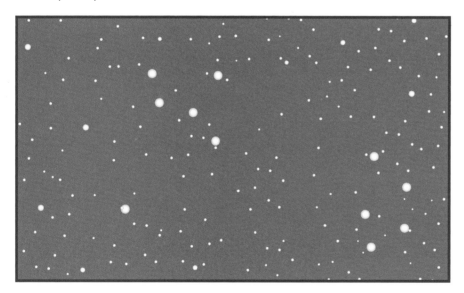

b) Relie quelques étoiles de façon à inventer une constellation.

c) Donne un nom à ta constellation.

 **Où vont les étoiles filantes ?**

Quand la nature se déchaîne !

*Entends-tu souvent les gens se plaindre du temps qu'il fait ? Aimes-tu les **orages** ou te font-ils peur ? Écoutes-tu la météo le matin pour savoir comment t'habiller ?*

- Tu apprendras à distinguer les différentes forces du vent.
- Tu verras les différents types de tempêtes.

PRÉPARATION

a) Lis la situation suivante et observe l'illustration qui l'accompagne.

Ce soir, les parents de Jonathan et de Loïc sont sortis au cinéma. Jonathan, l'aîné, s'occupe de son petit frère. Il profite du calme de la maison pour s'installer devant un bon film. Le film est à peine commencé qu'un orage éclate. On entend hurler le vent, les éclairs et les coups de tonnerre se succèdent, la pluie tombe fort. Jonathan aime bien les orages, alors il ferme le téléviseur et observe le spectacle que la nature lui offre. Mais sa contemplation est de courte durée : Loïc, effrayé, se met à pleurer. Vite, Jonathan monte à l'étage pour rassurer son petit frère.

b) Selon toi, pourquoi Loïc a-t-il peur de l'orage ?

c) Parmi les phrases suivantes, laquelle te semble la meilleure pour expliquer à Loïc pourquoi il y a un orage ce soir-là ?

1. Les nuages sont entrés en collision les uns avec les autres.
2. Les **météorologues** l'ont décidé.
3. Une masse d'air froid et une masse d'air chaud se sont rencontrées.
4. Les avions ont déplacé trop d'air.

Science et technologie

Quaqtaq, dans la baie d'Ungava, au nord du Québec, a enregistré le vent ayant la vitesse la plus élevée et la durée la plus longue au Canada, soit 201 km/h pendant une heure, le 18 novembre 1931. Selon l'échelle de Beaufort, les vents n'ont plus de nom lorsque leur vitesse excède 117 km/h !

1 a) Le tableau ci-dessous est une description de l'échelle de Beaufort qui permet de classer les vents selon leur vitesse et leurs effets. Associe chaque lettre de la dernière colonne à l'une des descriptions suivantes.

1. Le vent déracine des arbres et endommage les maisons.
2. Le vent brise les petites branches.
3. L'usage des parapluies est difficile.
4. Les petites branches remuent, les drapeaux flottent.

5. Le vent forme des vagues sur les lacs.
6. C'est un **ouragan** catastrophique.
7. La fumée s'élève tout droit.
8. Le vent agite les feuilles et fait tourner la girouette, on peut le sentir sur le visage.

Description de l'échelle de Beaufort

Échelle de Beaufort	Vitesse du vent (km/h)	Illustration	Description
0	0 à 1		A
1	2 à 5		La fumée indique la direction du vent, la girouette ne bouge pas.
2	6 à 11		B
3	12 à 19		C
4	20 à 28		Le vent remue les feuilles et soulève la poussière.
5	29 à 38		D
6	39 à 49		E
7	50 à 61		Le vent gêne la marche d'un piéton ou d'une piétonne.
8	62 à 74		F
9	75 à 88		Le vent endommage les toitures.
10	89 à 102		G
11	103 à 117		Le vent cause des ravages considérables.
12	Plus de 117		H

b) Compare tes réponses avec celles d'un ou d'une camarade et corrige-les au besoin.

2 Lis le texte suivant.

- Des masses d'air chaud et des masses d'air froid se déplacent au-dessus du **sol** ou des eaux.

- Lorsqu'elles se rencontrent, ces masses d'air à différentes températures provoquent les **fronts froids** ou les **fronts chauds** dont nous parlent les **météorologues.**

- Les deux sortes de fronts entraînent du mauvais temps. Cependant, les fronts froids occasionnent souvent d'importantes précipitations et des **orages.**

- Tu peux reconnaître un orage par la présence d'éclairs, de tonnerre, d'une pluie abondante et même de grêle.

- **Ouragan,** cyclone et typhon sont des synonymes. Ce sont d'énormes orages, souvent au-dessus des mers tropicales et au cours desquels les vents peuvent souffler jusqu'à 360 km/h.

- La **tornade** est un orage plus petit ; on le reconnaît facilement par une colonne d'air qui touche parfois le sol.

INTÉGRATION ET RÉINVESTISSEMENT

a) Relis les réponses que tu as données à la page 65. Au besoin, apporte des modifications.

b) Certaines tempêtes accompagnées d'une colonne d'air concentrée sur une petite distance sont assez puissantes pour emporter des maisons. Comment s'appellent ces perturbations atmosphériques ?

c) Et toi, quel est le vent le plus fort que tu as observé ? À l'aide de l'échelle de Beaufort de la page précédente, décris ce vent.

Lis la rubrique Se protéger durant un orage à la page 84 pour connaître les consignes de sécurité à observer en cas d'orage.

Le tonnerre peut-il aussi tomber sur le sol comme la foudre ?

Mesurer pour prévoir !

*As-tu un **instrument météorologique** à la maison ?*
Si oui, lequel ? Où est-il installé ? Est-ce que tu sais
ce qu'il mesure ? Le consultes-tu parfois ? Est-il fiable ?

18

- Tu apprendras le rôle des différents instruments météorologiques.
- Tu pourras reconnaître ces instruments.

PRÉPARATION

a) Lis la situation suivante et observe l'illustration qui l'accompagne.

Léonie est très excitée. Dans trois jours, elle part en camping avec son oncle, sa tante et ses deux cousines. Tout ce que Léonie espère, c'est que le beau temps soit au rendez-vous. Elle regarde donc avec un peu plus d'attention que d'habitude les bulletins météorologiques à la télévision.

Science et technologie

Le baromètre n'est, en fait, qu'une balance pour peser l'atmosphère. Il nous indique un écart entre deux mesures prises à des moments différents. Ainsi, c'est la baisse (ou la hausse) brutale et importante de la pression qui alertera les météorologues.

*Léonie est un peu perdue. Elle voulait seulement connaître la température, mais la **météorologue** lui parle de zones de haute pression (anticyclones) et de zones de basse pression (dépressions). Il semble que la météo soit un peu plus complexe qu'elle ne pensait !*

b) Quand la météorologue parle de **pression,** de quelle pression s'agit-il ?

> La pression de l'eau.   La pression de l'air.   Sa propre pression.

c) Selon ce que dit la météorologue, quel instrument de mesure est le plus utile pour prévoir le temps qu'il fera ?

> Un baromètre.   Un thermomètre.   Une girouette.

a) Associe le nom de chacun des **instruments météorologiques** à sa fonction et à l'illustration qui le représente.

NOMS	FONCTIONS	ILLUSTRATIONS

Thermomètre

A Indique la direction du vent.

Baromètre

B Mesure le nombre d'heures d'ensoleillement.

Hygromètre

C Mesure la quantité de neige tombée.

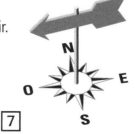

Pluviomètre

D Mesure la vitesse du vent.

Nivomètre

E Mesure la température de l'air et du sol.

Girouette

F Mesure la quantité de pluie tombée.

Anémomètre

G Mesure la **pression atmosphérique.**

Héliographe

H Mesure l'humidité de l'air.

b) Lis le texte suivant.

- Pour les **météorologues,** il est important de connaître les conditions du temps actuel afin de prévoir le temps qu'il fera. Pour y arriver, ils et elles utilisent des **instruments météorologiques** pour recueillir des données qui les renseignent sur les conditions du temps. Ces instruments ont un nom scientifique formé la plupart du temps à partir d'un mot grec, parfois à partir d'un mot latin. L'origine de leur nom te donnera de bons indices sur leur utilité. Le tableau qui suit te donne une série de mots grecs ou latins avec leur signification.

Mot grec ou latin	Signification	Mot grec ou latin	Signification
Thermos	Chaud	Anemos	Vent
Baros	Pesanteur	Hêlios	Soleil
Hugros	Humide	Niveus	De neige
Pluvia	Pluie		

c) En tenant compte du texte et du tableau ci-dessus, compare tes réponses à la question **a)** avec celles d'un ou d'une camarade. Apporte des modifications au besoin.

INTÉGRATION ET RÉINVESTISSEMENT

1 Lequel des énoncés suivants décrit le travail des météorologues ?

a) Ce sont des scientifiques qui prennent des mesures et prévoient le temps qu'il fera à partir de ces données.

b) Ce sont des scientifiques qui essaient de deviner le temps qu'il fera, mais ils et elles se trompent parfois.

c) Ce sont des scientifiques qui décident tous les jours du temps qu'il fera le lendemain.

2 a) As-tu remarqué que le nom des instruments météorologiques finit souvent par « mètre » ? Consulte ton dictionnaire pour en trouver la signification.

b) Quel instrument choisirais-tu d'utiliser pour prévoir le temps ?

Science et technologie

D'autres instruments plus élaborés informent aussi les météorologues des conditions du temps. Ils et elles utilisent, par exemple, des ballons-sondes, des radars, des satellites.

Pourquoi les prévisions météorologiques sont-elles souvent fausses ?

Le sable et les autres sédiments

Le **sable** que tes pieds foulent sur la plage ou dans lequel tu t'amuses au parc est constitué de tout petits morceaux de roches. Observe bien les photographies suivantes de grains de sable.

Grains de sable

Grains de sable grossis à la loupe

En fait, le sable, le gravier, la vase et l'**argile** ont la même origine : ce sont des **sédiments,** des morceaux de roches. Depuis des milliards d'années, les roches de l'écorce terrestre sont brisées par l'eau, la glace, le vent et les racines des plantes.

Roches brisées par les racines d'un arbre

Roches usées par l'eau

Les morceaux de roches sont transportés par l'eau des cours d'eau, par les glaciers ou par le vent. Plus ces morceaux sont transportés longtemps (n'oublie pas qu'il s'agit de millions d'années), plus ils sont petits. C'est ainsi qu'il existe des sédiments dont les grains sont très gros (le gravier). Certains grains sont plus fins (le sable), d'autres sont très fins, mais conservent une certaine rugosité au toucher ou sous les dents (la vase). Finalement, d'autres grains sont tellement fins qu'on ne sent aucune rugosité au toucher (l'argile).

Les grains de gravier ont-ils été transportés aussi longtemps que les grains de sable ? Explique.

L'âge des dinosaures

Les **dinosaures** ont vécu sur la Terre durant environ 180 millions d'années. Ils sont disparus, pour des raisons incertaines, il y a plus de 65 millions d'années. Un météorite énorme aurait frappé la Terre provoquant l'éruption de volcans. Des nuages de poussières auraient noirci le ciel pendant des années. Ces nuages auraient causé la destruction de la majorité des plantes. Les gros animaux comme les dinosaures seraient donc morts de famine puisqu'ils n'avaient plus rien à manger.

Les seules preuves que nous ayons de leur existence, ce sont leurs **fossiles.** Un fossile est une plante ou un animal qui s'est conservé dans la roche en entier, en partie ou sous la forme d'une empreinte.

Comment les scientifiques peuvent-ils et elles déterminer l'époque à laquelle les dinosaures ont existé? Ils et elles le font en évaluant l'âge des roches qui contiennent les fossiles de ces animaux.

Les scientifiques ont mis au point des méthodes pour dater les roches de l'écorce terrestre. Selon l'une de ces méthodes, on analyse la durée de vie de certaines **particules radioactives** contenues dans la matière. Ces particules radioactives permettent d'évaluer l'âge des roches et des fossiles qui y sont emprisonnés: ce sont de véritables chronomètres! C'est ainsi qu'on a appris que la Terre a été formée il y a environ 5 milliards d'années. Les dinosaures sont apparus beaucoup plus tard, soit il y a 240 millions d'années. Le tableau suivant montre la durée des périodes géologiques de la Terre à partir de l'apparition des dinosaures. Le temps est indiqué en millions d'années… et l'être humain arrive à la toute fin.

Temps (en millions d'années)	240	200	145	65	1,8
Âge	L'âge des dinosaures			L'âge des mammifères	L'âge de l'être humain

Que penses-tu maintenant des films où l'on voit des hommes et des femmes des cavernes combattre des dinosaures?

Profession : paléontologue

Le mot *paléontologie* a été inventé vers 1822 par un biologiste français, François Blainville, à partir de mots grecs signifiant « être ancien ». Le ou la **paléontologue** a un travail très intéressant : raconter, par l'étude des **fossiles** et des êtres vivants dont ils sont les empreintes, comment la vie s'est développée, sous toutes ses formes, à toutes les époques de l'histoire de la Terre. C'est grâce aux paléontologues qu'on sait qu'il y a très longtemps, les êtres vivants étaient très différents de ce qu'ils sont aujourd'hui.

Les paléontologues étudient ainsi les fossiles des êtres vivants qui étaient sur la Terre au moment de la formation des **sédiments** (les roches) qui les renferment. Ils et elles comparent les formes de vie anciennes aux formes de vie actuelles. C'est le genre de recherche qui nous apprend que les formes de vie actuelles viennent de la transformation des formes fossiles.

Par exemple, l'étude des fossiles nous montre que de nombreux mammifères existaient déjà sur la Terre, lorsqu'un animal s'apparentant au cheval fit son apparition : les paléontologues l'ont appelé Eohippus ; le fossile de cet animal nous apprend qu'il avait la taille d'un renard. Il est considéré comme l'ancêtre du cheval, car il est à l'origine de toute une chaîne de changements qui, en 40 millions d'années, a abouti à notre cheval actuel.

Le ou la paléontologue possède une solide formation de géologue : il ou elle étudie les roches. C'est aussi un ou une biologiste : il ou elle étudie et compare les êtres vivants dont les fossiles sont les traces.

Ses outils traditionnels de travail sont les cartes géologiques et la boussole pour repérer des gisements de fossiles. Il ou elle utilise une pelle, une truelle, un marteau de géologue, des ciseaux pour tailler la roche, des brosses, une loupe, un ruban à mesurer, des sacs de plastique, une caméra et, bien sûr, un crayon et un cahier de notes ! De nos jours, on peut ajouter à cette liste des ordinateurs, des ultrasons, des satellites, etc.

Le ou la paléontologue étudie-t-il uniquement les fossiles de dinosaures ? Explique ta réponse.

Histoires de diamants

Le diamant est une pierre précieuse. C'est le plus dur des minéraux. Tu en as déjà probablement vu sur des bagues ; voici à quoi ressemble un diamant brut (non taillé).

On transforme les diamants en bijoux depuis des siècles. Le coût des diamants est très élevé et il varie selon leur grosseur, leur pureté et la précision avec laquelle on les a taillés. On peut acheter un diamant pour une centaine de dollars, mais on en trouve aussi, sur les marchés spécialisés, qui se vendent plusieurs millions de dollars chacun.

Certains diamants ont traversé les siècles et possèdent une histoire aussi connue que celle des personnages auxquels ils ont appartenu.

Le diamant Hope

Le diamant Hope est un diamant d'un bleu intense. Découvert en Inde, on le retrouve dans la famille royale de France en 1668, alors que Louis XIV le fait tailler en forme de cœur et qu'on l'appelle le « Diamant de la Couronne ». Volé en 1792, retrouvé, vendu et revendu à partir de 1830, il est acheté par Henry Hope et porte désormais le nom de son possesseur. À partir de 1867, le diamant Hope change souvent de mains. Son dernier propriétaire, le bijoutier new-yorkais Henry Winston, en fait don, en 1958, à l'Institut Smithsonian à Washington où il est exposé depuis. On fait référence au diamant Hope (le cœur de l'océan) dans le film *Titanic*.

Le Régent

Le Régent est l'un des plus beaux diamants du monde. Ce diamant a longtemps fait partie du Trésor royal de France. Il est exposé au musée du Louvre.

Le Koh-i-Nor

Le Koh-i-Nor est un très gros diamant. On en parle depuis 1304. Après avoir fait le tour de diverses royautés de l'empire des Indes, on le retrouve dans la famille royale d'Angleterre vers 1850. Taillé à plusieurs reprises, il est placé successivement dans la couronne de plusieurs membres de la famille royale. C'est l'un des trésors les plus admirés de la Tour de Londres.

Mis à part sa grosseur, qu'est-ce qui fait la beauté d'un diamant?

Le prix d'un diamant

Le diamant est une pierre précieuse souvent associée à l'amour et à la richesse. Cependant, l'histoire du commerce du diamant est beaucoup moins brillante que les joyaux exposés dans les vitrines. En effet, les diamants n'ont pas seulement une grande valeur monétaire, ils ont aussi un coût humain très important. Malheureusement, on ne voit pas souvent le revers de la médaille.

Il existe un lien important entre les diamants et les guerres brutales qui se déroulent dans les principaux pays producteurs, l'Angola, la Sierra Leone et la République démocratique du Congo. Dans ces pays de l'Afrique, les ressources de diamants sont contrôlées par des groupes armés qui terrorisent la population, et les rebelles achètent des armes grâce à l'argent provenant du commerce de ces pierres précieuses. Les luttes armées ont causé de terribles drames humains dans ces pays.

Plus souvent qu'autrement, diamant rime avec guerre. Si l'on veut préserver la paix dans le monde, il est devenu essentiel de créer des lois pour lutter contre le commerce illégal des diamants.

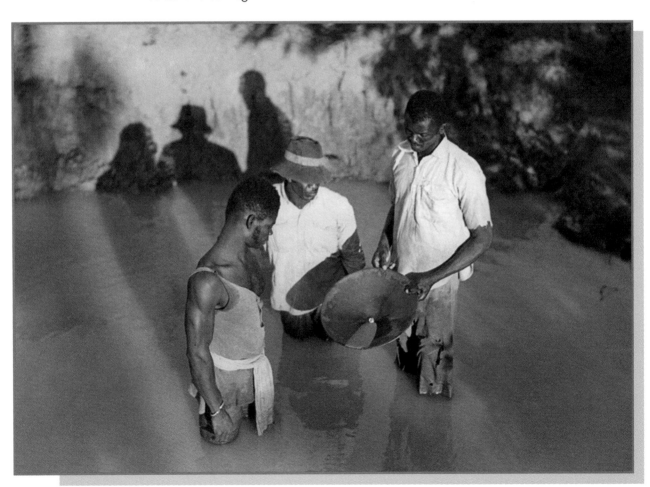

L'énergie géothermique

L'énergie géothermique est de l'énergie de chaleur produite par le magma, matière en fusion extrêmement chaude, située sous l'écorce terrestre. Cette énergie est récupérable lorsque le magma se trouve près de la surface.

Magma

Les roches qui sont proches du magma deviennent très chaudes et chauffent les eaux souterraines. L'énergie géothermique est alors libérée à la surface par les geysers, ces jets d'eau chaude qui jaillissent du sol par les sources thermales et les puits de boues chaudes.

Il y a très longtemps que les êtres humains utilisent l'énergie géothermique.
Voici des exemples de l'utilisation de cette énergie :

- les habitants de l'ancienne Rome utilisaient des bains thermaux naturels ;

- des centres de santé dans le monde entier utilisent aussi des bains thermaux
  naturels ;

- en Italie, des turbines produisent de l'électricité grâce à la vapeur récupérée de
  sources thermales ;

- en Islande, l'eau des sources thermales chauffe des maisons, des édifices publics
  et des serres.

La ville de Reykjavik, en Islande, est presque entièrement chauffée à l'énergie
géothermique. Des puits géothermiques emprisonnent l'eau que les roches chauffent
grâce à l'activité volcanique intense de la région. Cette eau chaude est ensuite
distribuée dans des tuyaux dans toute la ville.

L'Islande est une région très froide. Si l'on chauffait au pétrole ou au charbon, l'air de
la ville serait beaucoup plus pollué. L'utilisation de l'énergie géothermique fait donc
de Reykjavik une des villes les plus propres du monde.

Histoire de la mesure du temps

Plusieurs milliers d'années avant notre ère, l'être humain avait compris le rythme des années, des saisons, de la Lune, l'alternance des jours et des nuits. De quelle façon la technologie pour marquer le temps a-t-elle évolué?

Les temps anciens

Les raisons pour lesquelles on utilisait un dolmen ou un menhir en Bretagne, dans le nord de la France, ou un obélisque en Égypte sont diverses. On s'en servait, entre autres, comme repères astronomiques. L'ombre du Soleil ou de la Lune qui atteignait un lieu précis servait à marquer un moment tout aussi précis.

Le cadran solaire

Le cadran solaire a été utilisé durant plusieurs siècles. Au début, les graduations des heures n'existaient pas. Au Moyen Âge, les cadrans solaires ne servaient qu'à indiquer le début et la fin du travail des ouvriers et des ouvrières, ainsi que les moments de repos : quatre petits traits sur le cadran suffisaient. Ensuite, les 12 graduations correspondant aux 12 heures de la journée sont apparues; toutefois, la durée mesurée des heures variait selon les saisons. Au 16e siècle, l'heure était définie comme la 24e partie d'une journée.

La clepsydre

La clepsydre est une horloge à eau qui remonte au temps des Égyptiens. L'eau coule à travers un trou percé dans un vase dont l'intérieur comporte des graduations qui servent à mesurer des intervalles de temps. Grâce à la clepsydre, la mesure des courtes durées est très précise. Si le cadran solaire servait pendant le jour, la clepsydre était utile la nuit.

Le sablier, la bougie et la lampe à huile

Le sablier remplace la clepsydre dans les pays où l'eau est rare. Il indique avec précision la durée d'une tâche à accomplir. Il traverse les siècles et est encore utilisé de nos jours pour certaines activités (mesurer le temps de cuisson ou le temps alloué dans certains jeux).

La bougie était aussi utilisée. Elle éclairait la nuit et des graduations sur la cire indiquaient le temps écoulé à mesure qu'elle brûlait. En Chine, à la même époque, c'était la combustion des bâtons d'encens qui mesurait le temps. Une lampe à huile jouait le même rôle grâce aux graduations de temps peintes ou gravées sur son réservoir.

Les horloges

Au Moyen Âge, les clepsydres indiquaient l'heure à laquelle il fallait sonner les cloches de toutes les cités. C'est probablement pour remplacer les clepsydres que l'horloge a été inventée. On voit les premières horloges apparaître au 13e siècle ; sans cadran, elles ne possédaient qu'une aiguille, celle des heures. Elles n'étaient pas précises et retardaient souvent jusqu'à une heure par jour. C'est pour cette raison qu'à cette époque, on remarquait la présence fréquente d'un cadran solaire au-dessus des horloges.

Avec l'invention du ressort, la dimension des horloges est considérablement réduite et les premiers modèles d'horloges de table apparaissent. En 1657, le physicien hollandais Huygens met au point, avec l'horloger Coster, la première horloge à balancier, appelée « pendule ». L'invention du ressort spiral, associée au pendule, permet d'augmenter la précision des horloges. Tous les horlogers et horlogères utiliseront désormais ce mécanisme. À la Révolution française de 1789, on voit arriver les montres de poche plates.

L'horloge à quartz et l'horloge atomique

La première horloge à quartz apparaît en 1930. En 1970, on voit la première montre-bracelet à quartz. Le quartz est un élément contenu dans certaines roches ; on l'appelle le cristal de roche. La recherche de précision, pour les besoins des télécommunications ou de la navigation, amène, en 1958, la mise au point de l'horloge atomique dont l'« imprécision » est de 1 seconde sur une période de 3000 ans !

Le cadran solaire était utile le jour. Quel instrument pouvait-on utiliser la nuit ?

Les distances en astronomie

Les distances dans l'espace sont tellement grandes qu'on ne peut pas utiliser des unités de mesure courantes, comme le mètre ou le kilomètre. Sinon, on serait aux prises avec des nombres énormes. Les scientifiques ont donc décidé, d'un commun accord, d'utiliser une unité de mesure plus pratique : l'année-lumière.

La lumière voyage dans l'espace à une très grande vitesse, soit 300 000 km/s. La distance parcourue pendant une seconde-lumière correspond donc à 300 000 km.

Ainsi, lorsque tu allumes la lumière dans ta chambre, le résultat est instantané…
à moins que ta chambre ne mesure 300 000 km de long !

a) Si l'on dit que la Lune se trouve à $1\frac{1}{3}$ seconde-lumière (une seconde-lumière et un tiers) de la Terre, à combien de kilomètres de la Terre se trouve-t-elle ?

Voici les distances parcourues par la lumière par unité de temps.

- Pendant une minute : 300 000 km x 60 secondes = 18 000 000 km.

- Pendant une heure : 18 000 000 x 60 minutes = 1 080 000 000 km.

b) Si le Soleil est à 8 minutes-lumière de la Terre, à quelle distance est-il en kilomètres ?

Notre système solaire est au bord d'une **galaxie** appelée Voie lactée : cette galaxie ressemble à une roue mesurant 100 000 années-lumière de diamètre. Il y a un nombre incalculable de galaxies dans l'**Univers,** et elles sont toutes distantes les unes des autres de millions d'années-lumière.

Difficile de travailler avec de si grands nombres !

c) La vitesse du son est de 331 m/s. Qu'est-ce qui est le plus rapide : le son ou la lumière ?

La couleur des étoiles que tu observes

Lorsque tu regardes les **étoiles** dans le ciel, tu peux trouver qu'elles se ressemblent toutes. Si tu les observes plus attentivement, tu verras que certaines sont plus brillantes que d'autres. Peut-être même as-tu déjà remarqué que certaines semblent avoir une couleur différente. La mesure de l'intensité (le degré de brillance) de la lumière d'une étoile vue de la Terre s'appelle la magnitude.

La magnitude dépend de trois facteurs.

1. La distance entre l'étoile et la Terre.

   Autrement dit, plus l'étoile est proche de la Terre, plus elle paraîtra brillante. Comme une voiture qui s'approche de toi, la nuit : plus elle s'approche, plus ses phares paraissent brillants.

2. La grosseur de l'étoile.

   Plus une étoile est grosse, plus elle produit de lumière. Notre Soleil est une étoile de grosseur moyenne, tandis que l'étoile Bételgeuse est une super-géante : elle est un million de fois plus grosse que le Soleil. Mais elle est tellement loin, qu'elle nous paraît bien plus petite que le Soleil.

3. La chaleur de l'étoile.

   La température d'une étoile détermine sa couleur. Les plus chaudes sont bleues et les moins chaudes sont rouges.

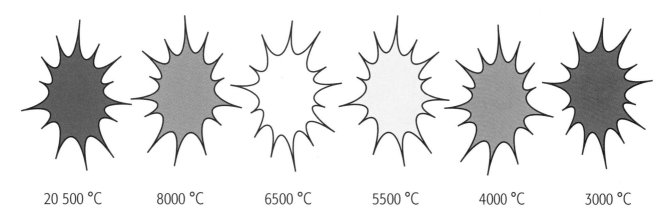

| 20 500 °C | 8000 °C | 6500 °C | 5500 °C | 4000 °C | 3000 °C |

Les étoiles étant situées très loin de la Terre, leur étude est difficile et exige des moyens technologiques très complexes.

Nomme un outil de travail de l'**astronome.**

Se protéger durant un orage

Il y a toujours entre 3000 et 5000 **orages** en activité au même moment sur la Terre, engendrant une centaine d'éclairs par seconde. Les éclairs sont de violentes étincelles qui prennent naissance, soit à l'intérieur d'un nuage, soit entre ce dernier et le sol. Les orages ne sont pas à prendre à la légère et on doit se protéger autant contre les éclairs (la foudre) que contre les pluies souvent fortes qui les accompagnent. Le tonnerre, plutôt inoffensif, est le bruit produit par l'éclair. La distance qui nous sépare du tonnerre influe sur la perception qu'on peut en avoir : si le tonnerre est proche, on entend un claquement sec, aigu ; s'il est loin, c'est plutôt un roulement prolongé et grave.

Comment peux-tu te protéger durant un orage ?

• Il est préférable d'être à l'intérieur d'un édifice.

• Que faire si tu es surpris ou surprise à l'extérieur par l'orage ?

- abrite-toi à l'intérieur, si c'est possible ;
- éloigne-toi des arbres isolés et des endroits surélevés ;
- assois-toi ou couche-toi au creux d'un fossé si l'orage est très violent ;
- éloigne-toi des clôtures métalliques en raison du risque élevé d'électro-cution ;
- la foudre ne suit pas les courants d'air ; il n'est donc pas nécessaire de fermer les portes et les fenêtres, sinon pour empêcher la pluie d'entrer ;
- si tu es en train de te baigner, sors de l'eau et mets-toi à l'abri.

Durant un orage, les gens sont souvent plus effrayés par le tonnerre qui les fait sursauter que par les éclairs. Quels sont les dangers du tonnerre ?

L'univers vivant,

c'est tout ce qui vit sur notre planète.

Dans cette section, tu développeras tes compétences de diverses façons :

- tu te pencheras sur le monde animal et tu découvriras les invertébrés et les vertébrés, leurs caractéristiques, leur anatomie, leurs façons de se reproduire, leur croissance et leurs façons de se déplacer ;

- tu étudieras les organes des cinq sens ;

- tu réfléchiras sur l'importance du respect de l'environnement et du recyclage.

Consulte les textes **Info** à la fin de la section pour approfondir tes connaissances.

Des animaux en classe ?

Collectionnes-tu des insectes ou des illustrations d'animaux ?
Si oui, comment conserves-tu tes collections ? Classes-tu
tes spécimens ? Si oui, comment fais-tu pour les classer ?

> Tu distingueras un vertébré
> d'un invertébré.
>
> Tu distingueras les cinq classes
> de vertébrés.

PRÉPARATION

a) Lis la situation suivante et observe les illustrations qui l'accompagnent.

L'enseignante de Zachari lui a donné un drôle de devoir : chaque élève
a reçu huit illustrations d'objets différents et doit les classer. Voici les
illustrations que Zachari a reçues.

Je dois faire les deux
choses suivantes :
1. Classer les illustrations
dans deux ensembles
de quatre.
2. Donner un nom
à chaque ensemble.

Aide-moi, s'il te plaît !
Quelles caractéristiques
me permettraient
de les distinguer ?

b) Trouve des points communs et classe les illustrations dans
deux ensembles.

c) Reproduis le tableau ci-dessous.

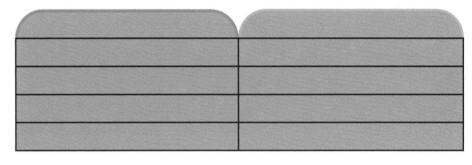

> ### Science et vie
>
> On divise les poissons en
> deux classes : les poissons
> cartilagineux (qui n'ont
> pas d'os), comme le requin
> et la raie ; les poissons
> osseux (qui ont des os).
> La majorité des poissons
> sont osseux.

d) Écris le nom de chaque ensemble au haut de chaque colonne
de ton tableau.

e) Écris le nom de chacun des objets représentés dans la colonne
appropriée.

f) Compare ton tableau avec celui d'un ou d'une camarade.

1 **a)** Lis le texte suivant.

- La variété des formes animales est très grande. Pour arriver à les reconnaître, les scientifiques les ont ordonnées. C'est le but de la **classification** : connaître et reconnaître.

- Les scientifiques ont regroupé tous les animaux dont le squelette comporte une colonne vertébrale (formée de vertèbres) : ils et elles les ont appelés **vertébrés.** Tous les autres animaux (qui n'ont pas de vertèbres) sont des **invertébrés.**

- Ils et elles ont ensuite divisé les vertébrés en cinq grandes **classes,** possédant chacune leurs caractéristiques.
  1. Les **Poissons.** *Exemples :* truite, requin, perchaude, anguille.
  2. Les **Amphibiens.** *Exemples :* grenouille, salamandre, crapaud, rainette.
  3. Les **Reptiles.** *Exemples :* crocodile, tortue, boa, lézard.
  4. Les **Oiseaux.** *Exemples :* poule, pinson, aigle, pingouin.
  5. Les **Mammifères.** *Exemples :* chat, phoque, baleine, être humain.

> **Attention !**
> Pour mieux retenir le nom des classes de vertébrés, souviens-toi que les premières lettres de ces mots forment le mot *PAROM.*

b) Voici des animaux que tu connais. Lesquels sont des vertébrés ?

Crocodile	Autruche	Escargot	Koala	Coccinelle
Pieuvre	Pigeon	Chien	Moule	Ver de terre
Cheval	Maringouin	Homard	Épaulard	Serpent

> Psst !
> Il y en a huit.

c) Associe chacune des cinq classes de vertébrés aux caractéristiques qui lui sont propres.

Classe de vertébrés

 Poisson

 Amphibien

 Reptile

 Oiseau

 Mammifère

Caractéristiques

A. Recouvert de plumes, pond des **œufs.**

B. Recouvert d'une peau écailleuse, pond des œufs.

C. Généralement recouvert d'écailles, vit dans l'eau en permanence.

D. Généralement recouvert de poils, allaite ses petits.

E. Recouvert d'une peau lisse et humide, vit sur la terre, mais pond ses œufs dans l'eau.

Pour en savoir plus !

> Lis la rubrique Les vertébrés à la page 113 pour en connaître davantage sur le squelette de divers vertébrés.

2 Chaque colonne du tableau ci-dessous devrait regrouper des spécimens d'une même classe de vertébrés. Trouve l'intrus dans chaque colonne.

Spécimens des cinq classes de vertébrés

Poisson	Amphibien	Reptile	Oiseau	Mammifère
Carpe	Homme-grenouille	Alligator	Canard	Ours
Brochet	Crapaud	Iguane	Chauve-souris	Girafe
Baleine	Grenouille	Vipère	Perroquet	Dauphin
Sole	Salamandre	Anguille	Hibou	Requin

INTÉGRATION ET RÉINVESTISSEMENT

1 **a)** Reproduis le schéma ci-dessous.

b) Classe les animaux suivants dans ton schéma.

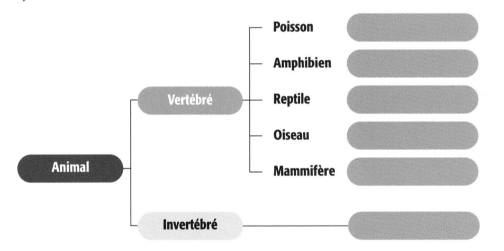

- Poisson
- Amphibien
- **Vertébré** — Reptile
- Oiseau
- **Animal** — Mammifère
- **Invertébré**

Truite
Crocodile
Hirondelle
Renard
Ver de terre
Ouaouaron

2 Certains animaux sont étonnants. Observe celui-ci. C'est un ornithorynque. Complète le court texte avec un des deux mots suivants : **poissons** ou **mammifères.**

Il a des pattes palmées, son bec ressemble à celui d'un canard et il pond des **œufs.** Pourtant, l'ornithorynque appartient à la classe des _____,

parce qu'il allaite ses petits.

Est-ce vrai que les chauves-souris sont les seuls mammifères volants ?

Une histoire d'animal

As-tu un animal chez toi ? Qui s'en occupe ? Quels sont les soins que l'on doit lui donner ? Les chiots et les chatons restent-ils petits longtemps ?

> • Tu verras que les animaux peuvent être très différents.
> • Tu verras des caractéristiques de certains animaux.

PRÉPARATION

a) Lis le texte suivant et observe l'illustration qui l'accompagne.

Le thème précédent sur les animaux a donné une idée de recherche à Sandra et à Maxime. Ils ont découpé les illustrations suivantes dans une revue et les ont fixées sur un tableau d'affichage.

Psst ! Il y en a quatre.

b) Sandra et Maxime doivent éliminer les illustrations qui ne représentent pas des animaux. Quelles illustrations doivent être retirées du tableau d'affichage ?

c) Vérifie tes réponses avec un ou une camarade.

a) Les illustrations ci-dessous représentent les propriétés de tous les vivants, dont celles d'un chaton. Associe chacune des propriétés suivantes à l'illustration qui convient.

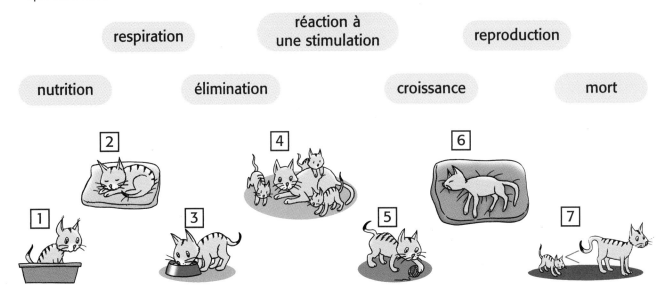

respiration

réaction à une stimulation

reproduction

nutrition

élimination

croissance

mort

b) Parmi les choix suivants, qu'est-ce qui partage les propriétés du chaton ?

> Un poisson.   Une roche.   Une automobile qui avance.

c) Lis le texte suivant. Ensuite, vérifie tes réponses aux questions ci-dessus et corrige-les au besoin.

Tous les animaux partagent les propriétés suivantes.

- La **nutrition** : l'animal tire de son environnement la nourriture et l'eau qui lui permettent de grandir et de rester en vie.

- La **respiration** : l'animal utilise l'oxygène de son environnement pour produire de l'énergie à partir de la nourriture transformée.

- L'**élimination** : l'animal rejette dans son environnement les déchets de sa respiration et de la transformation de ses aliments.

- La **réaction à une stimulation** : l'animal réagit à ce qui se passe dans son milieu.

- La **croissance** : l'animal change, se développe, grandit et devient adulte.

- La **reproduction** : l'animal assure la continuité de son espèce et fait des petits.

- La **mort** : l'animal ne vit pas pour toujours : il naît, il vit et il meurt.

1 Associe chacune des descriptions ci-dessous à la propriété qui convient.

nutrition   respiration   réaction à une stimulation   élimination   croissance   mort   reproduction

a) Les enfants grandissent et deviennent un jour des adultes.

b) Les gens vieillissent et un jour leur corps ne fonctionne plus.

c) Les gens doivent bien manger et boire pour être en santé.

d) Les enfants devenus adultes peuvent avoir des enfants à leur tour.

e) Tout le monde transpire et va aux toilettes pour ses besoins naturels.

f) Tout le monde a besoin d'air pour vivre.

g) Une personne sursaute, surprise par un bruit fort.

Pour en savoir plus!

Lis la rubrique La vie de la grenouille à la page 114 pour en connaître davantage sur cet amphibien.

2 Complète la phrase suivante. Voici, dans le désordre, les lettres qui composent le mot manquant : a g é é l t v .

La nutrition, la respiration, l'élimination, la croissance, la reproduction, la réaction à une stimulation et la mort sont des propriétés que l'on trouve dans le **règne** animal et aussi dans le règne

_____.

Science et vie

Les plantes aussi réagissent à leur milieu. Par exemple, leurs feuilles se tournent vers le soleil ou, comme le pissenlit, certaines fleurs s'ouvrent le matin et se ferment le soir.

Je veux savoir!

Pourquoi tous les animaux, y compris les êtres humains, arrêtent-ils de grandir ?

Activité de découverte

Semblables et différents

Lorsque tu fais un effort physique, sens-tu ton cœur battre ? Sens-tu l'air entrer et sortir de tes poumons ? Quelles activités ton corps fait-il automatiquement, sans que tu aies besoin d'y penser ?

> Tu aborderas l'anatomie des animaux en général.
>
> Tu apprendras le rôle de quelques systèmes et leurs organes principaux.

PRÉPARATION

a) Lis la situation suivante et observe l'illustration qui l'accompagne.

En faisant l'épicerie, la maman de Laurie a rapporté des abats d'animaux pour les manger ! Hum !

b) Comme sa mère a déjà jeté les emballages, Laurie ne peut pas identifier les organes. Pour l'aider, trouve ce que contient chaque assiette. Consulte la liste dans l'illustration.

RÉALISATION

a) Qui suis-je ?
Replace dans le bon ordre les lettres qui manquent.

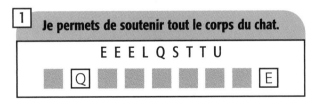

1 Je permets de soutenir tout le corps du chat.

E E E L Q S T T U

Q | | | | | | | E

2 Sans moi, l'agneau ne peut pas faire de mouvements.

C E L M S U

| | S | | E

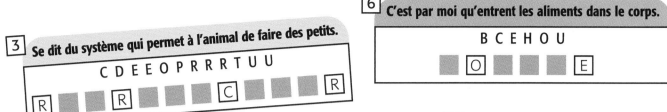

3 Se dit du système qui permet à l'animal de faire des petits.

C D E E O P R R R T U U

R ▢ ▢ R ▢ ▢ ▢ C ▢ ▢ ▢ R

6 C'est par moi qu'entrent les aliments dans le corps.

B C E H O U

▢ O ▢ ▢ ▢ E

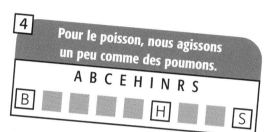

4 Pour le poisson, nous agissons un peu comme des poumons.

A B C E H I N R S

B ▢ ▢ ▢ ▢ ▢ H ▢ ▢ S

7 Je suis une sorte de pompe qui fait circuler le sang dans tout le corps

C E O R U

▢ ▢ ▢ E ▢

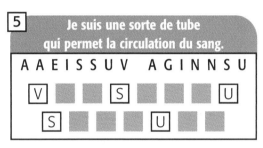

5 Je suis une sorte de tube qui permet la circulation du sang.

A A E I S S U V   A G I N N S U

V ▢ ▢ S ▢ ▢ U
S ▢ ▢ ▢ U ▢ ▢

8 Le lapin ne peut pas respirer sans nous.

M N O O P U S

▢ ▢ ▢ ▢ M ▢ ▢ S

Science et vie

Quand tu manges du rôti de bœuf, une cuisse de poulet ou du filet de poisson, ce sont les muscles de ces animaux que tu manges.

b) Parmi toutes les réponses que tu as trouvées en **a)**, il y en a une seule qui parle d'un organe que ton corps n'a pas. Quel est cet organe ?

c) Consulte le tableau suivant pour vérifier tes réponses en **a)** et apporte des corrections au besoin.

Tableau synthèse de l'anatomie générale des animaux		
Système	**Rôles**	**Organes**
Locomoteur	Soutenir le corps, permettre de se déplacer.	Os, muscles, tendons, articulations.
Digestif	Faire entrer la nourriture, la décomposer et l'absorber.	Bouche, œsophage, estomac, intestins.
Respiratoire	Respirer, puiser l'oxygène dans l'air.	Poumons, branchies, peau.
Circulatoire	Faire circuler le sang qui contient les nutriments et l'oxygène. Rejeter les déchets vers l'extérieur.	Cœur, vaisseaux sanguins.
Nerveux	Contrôler les activités du corps, permettre la relation avec l'environnement.	Organes des sens, nerfs, moelle épinière et **encéphale.**
Excréteur	Rejeter les déchets de la respiration et de la nutrition.	Poumons, reins, intestins, peau.
Reproducteur	Produire des petits.	Organes reproducteurs mâles et femelles.

a) Observe les photographies suivantes.

Serpent

Morues

Cardinal

Rainette

Pour
en savoir plus!

Lis les rubriques L'anatomie d'un vertébré et L'anatomie d'un mammifère à la page 115 pour en connaître davantage sur ces sujets.

b) Sur la feuille qu'on te remet, coche les cases appropriées dans le tableau comparatif de l'anatomie des vertébrés.

Tableau comparatif de l'anatomie des vertébrés

Caractéristique	Reptile (Serpent)	Poisson (Morue)	Oiseau (Cardinal)	Amphibien (Rainette)	Mammifère (Être humain)
Exemple : Il a des membres (pattes, ailes, nageoires, etc.).		√	√	√	√
Il a des os.					
Il a des muscles.					
Il a une bouche.					
Il a des yeux.					
Il a des poils.					
Il a des écailles.					
Il a des poumons.					
Il a un cœur.					

Je veux savoir!

Pourquoi la girafe a-t-elle un si long cou et l'éléphant, un si long nez ?

Sens multiples

Quelles choses aimes-tu regarder ? Quels sons aimes-tu entendre ? Quelle est ton odeur préférée ? Quel est ton mets préféré ? Quelles textures aimes-tu toucher ?

- Tu distingueras les cinq sens.
- Tu apprendras quels sont les organes des sens et leurs rôles.

PRÉPARATION

a) Observe Patricia et Jacob.

b) Reproduis le tableau suivant en partie (seulement les colonnes de Patricia et de Jacob).

c) Dans ton tableau, réponds aux questions de la colonne de gauche.

	Patricia	Jacob
De quel handicap souffre l'enfant ?		
Quels organes de l'enfant ne fonctionnent pas ?		
De quel **sens** l'enfant est-il privé ?		
Qu'est-ce que l'enfant est en train de faire ?		
Quel est l'autre sens que l'enfant utilise pour compenser son handicap ?		

d) Décris trois activités que tu ne pourrais plus faire si tu perdais le sens de la **vue.**

a) Observe la photographie.

b) Nomme les organes des cinq **sens.**

☐1 L'organe de la **vue.**

☐2 L'organe de l'**ouïe.**

☐3 L'organe de l'**odorat.**

☐4 L'organe du **goût.**

☐5 L'organe du **toucher.**

Science et vie

Une personne aveugle (ou non voyante) ne voit pas. Une personne sourde n'entend pas. De la même manière, il y a des personnes qui ne sentent pas les odeurs, ne goûtent pas les saveurs ou, même, ne ressentent rien au toucher !

c) Dis où sont situés la plupart des organes des sens.

> Au niveau des membres.
> Au niveau du ventre.
> Au niveau de la tête.

d) Sur une feuille, dessine un être humain imaginaire dont la plupart des organes des sens seraient à un autre endroit.

e) Quel est l'organe du sens le plus important pour toi ? Explique ta réponse.

Pour en savoir plus !

Lis la rubrique Gabrielle est une personne sourde à la page 116 pour savoir comment se comporter en présence des personnes qui souffrent d'un tel handicap.

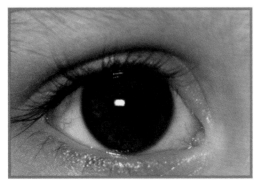

f) Lis la phrase et le texte présenté dans le tableau.

Tes cinq **sens** te permettent de recueillir des informations sur ton environnement.

Tableau synthèse des cinq sens

Sens	Organe	Rôle principal des organes
Vue	Œil	Capte la lumière afin que tu puisses constater l'apparence des choses.
Ouïe	Oreille	Est sensible aux vibrations de l'air afin que tu puisses entendre les sons.
Odorat	Nez	Capte sept odeurs de base afin que tu puisses percevoir ce que les choses sentent.
Goût	Langue	Réagit aux quatre saveurs de base (salé, sucré, acide et amer) afin que tu puisses les reconnaître.
Toucher	Peau	Capte les sensations de chaleur, de froid, de texture, de pression et de douleur afin que tu puisses les ressentir.

INTÉGRATION ET RÉINVESTISSEMENT

a) Relis les réponses que tu as données dans ton tableau à la page 95.
Au besoin, apporte des modifications.

b) Voici 10 situations de la vie de tous les jours. Nomme le sens que
tu utilises dans chacune de ces situations.

Situation
1. Tu choisis un crayon rouge pour ton dessin.
2. Tu savoures de bons biscuits.
3. Tu vérifies si l'eau de ton bain est assez chaude.
4. Tu sens le repas que ton frère te prépare.
5. Tu écoutes ta chanson préférée.
6. Tu flattes ton chat.
7. Tu choisis un parfum pour offrir en cadeau.
8. Tu lis un livre intéressant.
9. Tu dégustes un jus d'orange.
10. Un ami ou une amie te chuchote un secret à l'oreille.

**Si c'est la langue qui sert à goûter les aliments, pourquoi
ne les goûte-t-on pas bien quand on a le nez bouché ?**

Ovi, vivi ou ovovivi ?

Connais-tu l'histoire de ta naissance ? Combien de temps as-tu passé dans le ventre de ta maman ? Penses-tu avoir des enfants quand tu seras adulte ?

Tu verras qu'il existe trois types de reproduction sexuée chez les animaux.

Tu pourras classer les animaux selon leur mode de reproduction sexuée.

PRÉPARATION

a) Lis la situation suivante et observe attentivement l'illustration qui l'accompagne.

Sur le chemin qui les ramène de l'école, Marie et Jérémie ont fait une belle découverte. Ils ont trouvé des coquilles vides de petits œufs.

Science et vie

La femelle du colibri (oiseau-mouche) pond des œufs de la grosseur d'un petit pois. Les petits oiseaux qui naissent à l'éclosion des œufs ont la taille d'une abeille !

Ils sont retournés rapidement à la maison pour consulter un livre sur les animaux. Voici les images qu'ils ont trouvées.

b) Lequel des animaux ci-dessous a pu laisser les œufs ?

c) Parmi ces animaux, nomme ceux qui ne pondent pas d'œufs.

d) Vérifie tes réponses avec un ou une camarade.

Attention !

Tu ne connais pas ces mots?

Lis le texte de la question **c)**.

a) Observe les photographies des êtres vivants ci-dessous.

b) Selon sa façon de mettre des petits au monde, choisis le mot qui convient à chacun des êtres vivants représentés.

ovipare   vivipare   ovovivipare

c) Lis le texte suivant, vérifie ton classement en **b)** et modifie-le au besoin.

- Dans le monde animal, il y a plusieurs façons de mettre au monde des petits.

- Certains animaux sont **ovipares.** Une fois fécondés, ils pondent des **œufs** qui vont se développer, éclore et donner des petits. Parfois les œufs sont fécondés après la ponte. En général, les insectes, les **poissons,** les **amphibiens,** les **reptiles** et les **oiseaux** sont ovipares.

Pour en savoir plus !

Lis la rubrique La durée de l'incubation et de la gestation à la page 118 pour en apprendre davantage sur ce sujet.

- Certains animaux sont **vivipares.** Une fois fécondés, ces animaux portent leurs petits dans leur abdomen. Les petits s'y développent et naissent après un temps qu'on appelle la **gestation.** À part quelques exceptions, les **mammifères,** dont les êtres humains, sont vivipares.

- Certains animaux sont **ovovivipares.** Une fois fécondés, ces animaux gardent leurs **œufs** dans leur abdomen. Les oeufs s'y développent et les petits sortent, formés. Quelques poissons (l'hippocampe, le requin-baleine) et quelques **reptiles** (le boa, la vipère) sont ovovivipares.

INTÉGRATION ET RÉINVESTISSEMENT

1 Reproduis le tableau ci-dessous et écris le nom de quatre animaux dans les cases appropriées. Nomme des animaux qui ne figurent pas à la page 99.

Animal ovipare	Animal vivipare

2 Associe chacune des descriptions suivantes au mot qui convient :

ovipare (ovi)   **vivipare** (vivi)   **ovovivipare** (ovovivi)

a) Certaines espèces de serpents mettent au monde des petits complètement formés qui ont pourtant grandi dans des œufs, à l'intérieur du corps de la femelle.

b) Des espèces de tortues pondent leurs œufs et les enfouissent dans le sable. Le soleil chauffe les œufs. Après un certain temps, ceux-ci éclosent, libérant les petites tortues.

c) Les éléphantes sont très patientes : elles doivent porter leur petit dans leur ventre pendant 22 mois, soit presque 2 ans !

Pourquoi a-t-on un nombril ? Est-ce que tous les animaux en ont un ?

Grandir... différemment

*As-tu grandi depuis le début de l'année scolaire ?
depuis la maternelle ? Est-ce que tes vêtements et
tes chaussures deviennent parfois trop petits ?*

- Tu verras que tous les animaux changent plus ou moins en grandissant.
- Tu verras que les animaux ne grandissent pas au même rythme.

PRÉPARATION

a) Lis la situation suivante et observe les illustrations qui l'accompagnent.

*Lorsque Magalie est née, son père a acheté un chiot qui est arrivé
à la maison la même journée qu'elle. Il l'a appelé Binette. Magalie
et Binette étaient très mignons tous les deux ! Évidemment, ils ont
bien grandi depuis et sont devenus les meilleurs amis du monde.
Voici des photographies prises par le père de Magalie.*

3 mois

6 mois

1 an

7 ans

*Dernièrement, le père de Magalie lui a dit que Binette était vieux
et qu'il fallait lui donner encore plus de soins. Magalie ne comprend
pas. Binette et elle ont pourtant le même âge !*

b) En observant attentivement les photographies, décris deux différences
entre le développement de Binette et celui de Magalie.

1 **a)** Certains animaux changent plus que d'autres en grandissant. Observe les illustrations suivantes.

Parents

Petits

1

2

3

4

Pour en savoir plus!

Lis les rubriques Les insectes et La croissance du papillon monarque aux pages 119 et 120 pour en connaître davantage sur ces sujets.

b) Associe à chaque parent l'illustration qui représente son petit.

c) Reproduis le tableau suivant et écris le nom des quatre parents ci-dessus dans la colonne appropriée.

Change peu	Change beaucoup

d) Et toi, dans quelle catégorie te placerais-tu? Dans ton tableau, ajoute ton nom dans la colonne appropriée.

2 Lis le texte qui suit.

- À leur naissance, les êtres vivants sont petits. Avec le temps, ils grandissent et changent jusqu'à ce qu'ils ressemblent à leurs parents.

- La naissance et le développement des petits sont très différents d'une **espèce** animale à l'autre.
  Exemples : le chat et le lapin naissent petits, les yeux clos, sans poil, et se déplacent à peine ; le poussin et le cheval naissent petits, les yeux ouverts, et peuvent se tenir debout quelques minutes après leur naissance.

- Les soins et l'attention que les parents portent à leurs petits varient aussi d'une espèce à l'autre.
  Exemples : le poussin est laissé à lui-même, alors que le petit merle sera nourri à la **becquée** durant plusieurs semaines.

INTÉGRATION ET RÉINVESTISSEMENT

1 Observe l'illustration ci-contre et décris deux changements que l'éléphanteau (jeune éléphant) subira en devenant un éléphant adulte.

2 **a)** Plusieurs animaux se débrouillent complètement seuls dès leur naissance. Selon toi, qu'est-ce qui arriverait à un bébé humain laissé seul ?

b) Combien de temps faut-il à l'être humain pour atteindre sa taille adulte ?

Pourquoi les gens n'ont-ils pas tous la même taille ?

thème
25

Activité de découverte

En mouvement SVP !

Sais-tu nager ? Marches-tu pour aller à l'école ? Sautes-tu à la corde à la récréation ? Cours-tu vite ? As-tu déjà rêvé de voler comme un oiseau ?

Tu apprendras à distinguer les différentes façons de se déplacer des animaux.

PRÉPARATION

a) Lis la situation suivante et observe attentivement les illustrations qui l'accompagnent.

Chaque année, à l'école Marie-Derome, M. Gilles, l'enseignant en éducation physique, convie tous ses élèves à un parcours digne de grands et de grandes athlètes. Les élèves doivent passer par de nombreuses épreuves réparties dans tout le gymnase, qui est transformé pour l'occasion. Voici une partie du circuit que les élèves doivent parcourir.

Simone

Yves

Christine

Patrick

b) Quel mouvement est représenté sur chacune des illustrations ?

c) Martha adore cette activité, mais elle a mal à un genou depuis sa chute en ski. Selon toi, quels mouvements pourrait-elle quand même faire ?

d) Quel mouvement serait le plus difficile pour le genou de Martha ?

a) Associe la façon de se déplacer qui convient à chacun des animaux ci-dessous.

Chauve-souris

| marche | saute | vole | nage | rampe |

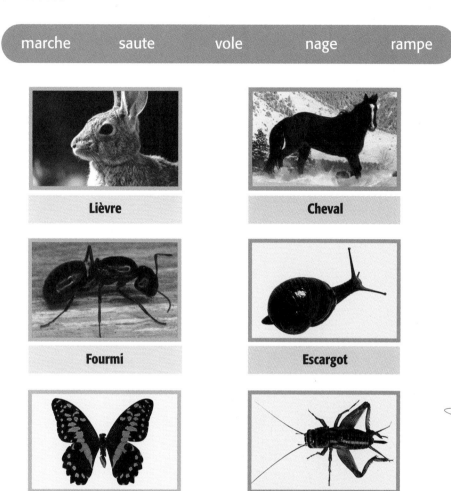

Lièvre

Cheval

Dauphin

Fourmi

Escargot

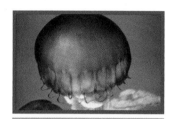

Méduse

Papillon

Grillon

Pour, en savoir plus!

Lis la rubrique À vos marques, partez! à la page 122 pour en connaître davantage sur la vitesse que certains animaux peuvent atteindre.

b) Lis le texte suivant.

- Pour se déplacer, les animaux peuvent marcher, courir, sauter, voler, nager ou ramper. Ils s'adaptent aux déplacements grâce à leurs membres ou à certains autres organes.

- Pour marcher et courir, il faut des pattes; les pattes existent par paires (2, 4, 6, 8 ou même des centaines). Plus le nombre de pattes est grand, plus le **synchronisme** est important. Les pattes des animaux qui courent vite sont souvent longues et fines.

- Pour sauter, il faut avoir des pattes **postérieures** capables de projeter le corps avec force dans les airs.

- Pour nager, il faut battre des pieds ou des nageoires afin de se **propulser.** En général, les animaux nageurs ont une forme **hydrodynamique** : un corps pointu en avant, arrondi ensuite, puis rétréci à l'arrière.

- Pour voler, il faut être léger et avoir des ailes, comme les **oiseaux.** Les ailes et la queue, dotées de plumes, servent de moteurs, de freins et de gouvernail. Les oiseaux ont une forme **aérodynamique** : une petite tête, une poitrine large. Ils ont le corps couvert de plumes.

- Pour ramper, les animaux avancent en faisant des **ondulations,** comme le serpent. Ils peuvent aussi contracter et décontracter leur corps, comme le ver de terre. L'action de ramper s'appelle la **reptation.**

INTÉGRATION ET RÉINVESTISSEMENT

1 Les animaux se déplacent dans trois milieux : sur le sol, dans l'air et dans l'eau.

Nomme ces trois milieux en commençant par celui dans lequel les animaux se déplacent généralement le plus lentement et en finissant par celui dans lequel les animaux se déplacent généralement le plus vite.

a) Plus lentement

b) Un peu plus vite

c) Plus vite

2 Parmi les déplacements vus dans ce thème (marche, course, saut, nage, vol, reptation), nomme ceux que tu peux faire.

3 Il existe d'autres façons de se déplacer, par exemple, en planant. Quels animaux se déplacent de cette façon ? Observe la photographie ci-contre pour avoir un indice.

Attention !

Pour t'aider, tu peux penser aux moyens de transport des humains dans ces trois milieux.

Science et technologie

Une sauterelle peut faire un saut de 1,20 m de longueur. Si cette sauterelle mesure 5 cm de longueur, on peut dire qu'elle saute sur une distance qui fait 24 fois sa longueur. Peux-tu en faire autant ?

Je veux savoir ! **Est-ce que le mille-pattes a vraiment mille pattes ?**

Entre deux

Quelles sortes de jeux préfères-tu ? Ceux où il y a de la **compétition** *ou ceux où il y a de l'entraide ? Pratiques-tu des sports de compétition ? des sports d'équipe ?*

> Tu apprendras à reconnaître les cinq types de relations entre les vivants.
>
> Tu verras les conséquences possibles de ces relations.

PRÉPARATION

a) Lis la situation suivante et observe les illustrations qui l'accompagnent.

Benjamin est très heureux parce qu'il passe tout l'après-midi avec son grand-père. À leur arrivée au parc, son grand-père sort de sa poche un sac de miettes de pain pour nourrir les oiseaux. Bien installés sur un banc, tous les deux commencent à lancer des miettes de pain devant eux. Bientôt, ils sont assaillis par plusieurs bandes d'oiseaux et ils en profitent pour observer leur comportement.

b) Quelle différence vois-tu entre ces deux illustrations ?

c) Benjamin croit que les petits oiseaux se sont retirés parce qu'ils n'avaient plus faim. Es-tu d'accord avec lui ? Explique ta réponse.

d) Comment appellerais-tu ce qui se passe entre les oiseaux à propos du pain ?

> Du partage.   De la compétition.   De l'amitié.   Du chantage.

1 **a)** Pour t'aider à bien comprendre les types de **relations** qui existent entre les êtres vivants, lis le texte suivant.

Il existe au moins cinq types de relations entre les êtres vivants : le mutualisme, le commensalisme, la compétition, la prédation et le parasitisme.

- Le **mutualisme** est une union entre vivants d'**espèces** différentes, nécessaire à leur survie.
  Exemple : les termites abritent des bactéries dans leur tube digestif. Celles-ci digèrent le bois mangé par les termites, qui sont incapables de le digérer totalement. Cette association procure aliments et abri aux bactéries tout en permettant aux termites de se nourrir. Séparés, ces deux êtres vivants ne pourraient survivre.

- Le **commensalisme** est une relation entre vivants d'espèces différentes dans laquelle une seule espèce est avantagée. L'autre espèce n'en retire aucun avantage, mais n'en souffre pas pour autant.
  Exemple : les restes de saumon laissés par l'ours seront mangés par les goélands. On dit alors que l'ours et le goéland vivent en commensalisme.

- La **compétition** est une relation entre vivants (de même espèce ou non) dans laquelle ils luttent pour de la nourriture, un territoire, un abri ou un partenaire. Les moyens qu'ils utilisent pour lutter peuvent être la force, la ruse ou autre.
  Exemple : en hiver, le geai bleu chasse les autres oiseaux des mangeoires.

- La **prédation** est une relation entre vivants d'espèces différentes dans laquelle l'un est la proie qui se fait manger par l'autre, le prédateur.
  Exemple : le renard (le prédateur) mange le lièvre (la proie).

b) Nomme un autre exemple de prédation.

- Le **parasitisme** est une relation entre deux espèces de taille différente et fondée sur la nutrition. L'une des espèces profite de la relation et l'autre en souffre. Le parasite, plus petit, vit aux dépens de son hôte (celui qui abrite le parasite), plus grand. Si l'hôte est un animal, les parasites se font transporter par lui.
  Exemple : les puces des chiens sont des parasites.

2 Lis les cinq situations ci-dessous. Associe à chacune le type de **relation** qui convient.

> mutualisme   commensalisme   compétition   prédation   parasitisme

a) Le rémora est un petit poisson qui se fixe au requin par une ventouse. Quand le requin attaque une proie, le rémora se détache, mange des débris de la proie et s'agrippe de nouveau au requin, qui le laisse faire.

b) Le ver solitaire s'accroche à la paroi des intestins de l'être humain pour s'alimenter de la nourriture décomposée. L'être humain peut en ressentir des maux de ventre et des nausées.

c) Le balbuzard est un oiseau rapace qui capture les poissons dans ses serres et s'en nourrit.

d) Le lichen est une plante formée de l'union d'une algue et d'un champignon. L'algue produit la nourriture pour le champignon, qui lui apporte abri et humidité, nécessaires à sa survie.

e) Les trous des arbres étant rares, plusieurs mammifères et oiseaux se les disputent. En général, le plus gros ou le plus fort l'emporte.

Science et vie

Les puces sont des parasites externes qui sucent le sang des mammifères et des oiseaux. Leur bouche est faite pour percer la peau et sucer le sang ; c'est ce qui provoque les démangeaisons.

Pour en savoir plus!

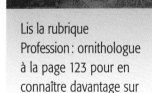

Lis la rubrique Profession : ornithologue à la page 123 pour en connaître davantage sur cette profession.

INTÉGRATION ET RÉINVESTISSEMENT

Reproduis le tableau ci-dessous et écris les types de relations dans les cases appropriées. Au besoin, reporte-toi à la page 108.

	Relation d'aide	Relation de nuisance	
Les vivants sont liés.			
Les vivants sont séparés.			

Je veux savoir!

Pourquoi l'araignée tisse-t-elle des toiles?

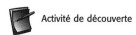
Activité de découverte

Des poubelles au régime !

Sais-tu ce qui arrive aux déchets de nos maisons une fois que l'on s'en est débarrassé ? Connais-tu des moyens pour diminuer la quantité de déchets que l'on produit ?

> Tu apprendras que plusieurs substances peuvent être recyclées.
>
> Tu verras l'importance du recyclage pour respecter et protéger l'environnement.

PRÉPARATION

a) Lis la situation suivante et observe les illustrations qui l'accompagnent.

*Samuel est responsable de sortir les déchets de la maison. Chaque lundi, il dépose les ordures ménagères sur le bord du trottoir ; chaque mardi, il y dépose le bac de **recyclage** ; chaque mercredi, il y dépose le « bac brun » contenant les déchets destinés au **compostage.***

LUNDI

MARDI

MERCREDI

b) Les déchets placés dans le bac de recyclage ou dans le bac brun seront recyclés et serviront à créer d'autres produits utiles. Qu'arrivera-t-il aux ordures ménagères ?

c) Selon toi, le voisin de Samuel participe-t-il à la collecte sélective des déchets ? Explique ta réponse.

d) Quels sont les problèmes créés par le comportement du voisin ?

a) Observe les illustrations ci-dessous.

b) Associe chacun des produits recyclables à l'illustration du produit recyclé.

Produits recyclables

Produits recyclés

Papier journal

Bouteille de verre

Bouteille de plastique

BOISSON GAZEUSE

Conserve vide

Sapin de Noël

1

2

3

4

5

Science et vie

Les bouteilles de verre vides qu'on met dans le bac de recyclage plutôt que dans la poubelle deviendront, entre autres, de la laine minérale (fibre de verre) qui servira à isoler les maisons.

c) Si l'on ne recycle pas les produits de gauche, comment fera-t-on pour fabriquer ceux de droite ?

d) Lis le texte suivant.

- Sur la terre, l'être humain dispose de **ressources naturelles** considérables. Il utilise ces ressources pour assurer sa subsistance, son bien-être et son confort. Mais il a aussi la responsabilité de ne pas détériorer son environnement par l'exploitation ou l'utilisation de ces ressources.

- Lorsque des activités entraînent l'apparition, dans la nature, de substances qui nuisent à la santé des vivants, c'est de la **pollution.** Il faut absolument éviter de polluer l'environnement et il faut l'**assainir,** le **décontaminer** et le **restaurer,** au besoin.

- Il faut commencer par éviter le gaspillage des ressources. Au lieu de jeter les produits qu'on a utilisés, on devrait les recycler. Le **recyclage** est une opération qui consiste à trouver une nouvelle utilisation pour un produit usagé ou détérioré.

- Le papier, le carton, le verre, le plastique, le métal et la **matière organique** sont tous recyclables.

Pour en savoir plus!

Lis la rubrique L'exploitation des ressources naturelles à la page 125 pour en connaître davantage sur nos ressources naturelles.

INTÉGRATION ET RÉINVESTISSEMENT

Pour rendre la **collecte sélective** des déchets efficace, chaque personne doit faire sa part. Nomme des objets ou des substances que tu recycles à la maison ou à l'école.

Attention !

Observe bien la couleur des bacs.

À la maison

À l'école

Comment enlève-t-on l'encre du papier journal pour faire du papier hygiénique blanc ?

Les vertébrés

Les **vertébrés** sont des vivants dont le squelette comprend une colonne vertébrale.

Observe la colonne vertébrale des vertébrés ci-dessous.

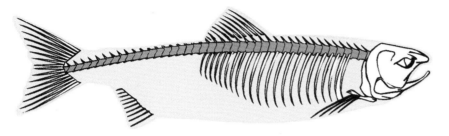

Squelette d'un poisson osseux (saumon)

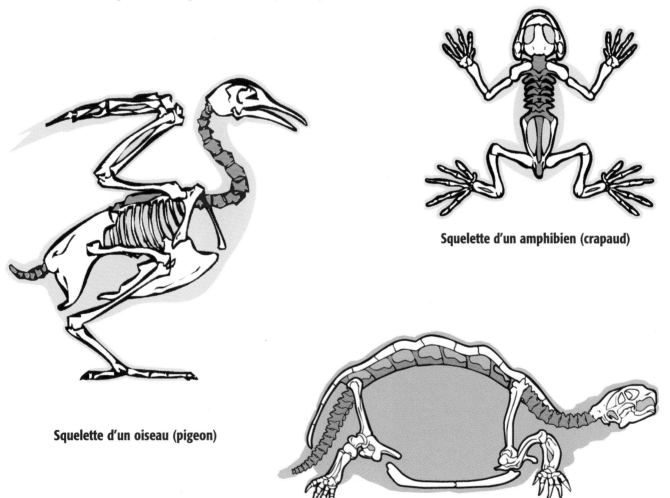

Squelette d'un amphibien (crapaud)

Squelette d'un oiseau (pigeon)

Squelette d'un reptile (tortue)

Pourquoi classe-t-on les oiseaux dans les vertébrés?

La vie de la grenouille

Nutrition. La grenouille se nourrit de vers de terre et d'insectes divers (mouches, sauterelles, chenilles, etc.). La langue de la grenouille est fixée sur le devant de sa bouche et non à l'arrière, comme nous. Dès qu'une proie est proche de sa tête, la grenouille projette rapidement sa langue gluante sur elle et la ramène ensuite pour l'avaler.

Respiration. La grenouille respire un peu par ses poumons. Elle respire surtout par sa peau qu'elle doit maintenir toujours humide. La peau qui recouvre l'intérieur de sa bouche est particulièrement utile à sa respiration.

Reproduction et croissance. La grenouille femelle pond ses **œufs** dans l'eau, où ils sont fécondés immédiatement par le mâle. Les œufs, au nombre de plusieurs centaines, forment un gros amas gélatineux. Les petits (têtards) subiront plusieurs transformations avant d'avoir l'apparence de leurs parents. Au début, les petits respirent par des branchies, comme les **poissons.**

Stades du développement de la grenouille

Réaction avec le milieu. La grenouille se déplace rapidement. Ses cuisses puissantes lui permettent de faire des sauts spectaculaires. Ses pattes palmées en font une nageuse très rapide. La température de son sang s'adapte à celle du milieu environnant. En hiver, la grenouille s'engourdit et hiberne. Au printemps, le réchauffement de la température lui fait reprendre ses activités.

La grenouille la plus répandue, que tu connais certainement, est la grenouille-léopard, couverte de taches vertes. La grenouille qu'on entend le plus souvent est la grenouille-taureau, le ouaouaron.

Le crapaud est-il le mâle de la grenouille?

L'anatomie d'un vertébré

Le corps de tous les **vertébrés** comporte les trois parties suivantes.

- La tête, qui contient l'**encéphale** et les principaux organes des **sens.**

- Le tronc, qui porte les membres et qui contient les viscères (cœur, poumons, estomac, etc.).

- La queue, qui est le prolongement de la colonne vertébrale. L'être humain possède plutôt un vestige de queue, le coccyx.

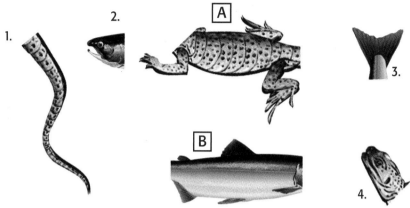

Associe la tête et la queue appropriées à chacun des troncs ci-contre.

L'anatomie d'un mammifère

Les **mamelles** et, en général, les poils sont les caractéristiques principales des **mammifères.** Les organes des mammifères sont toujours les mêmes, d'une **espèce** à l'autre, mais leur forme, leur grosseur et leur disposition peuvent varier.

Voici un dessin simple de l'anatomie d'un chat. Tu pourrais t'amuser à dessiner le profil d'un chien, d'un lapin, d'un ours ou d'une souris en te basant sur celui du chat. Les organes seraient les mêmes et se trouveraient aux mêmes endroits. L'animal de ton dessin aurait toujours quatre pattes, une tête, deux oreilles, deux yeux, une bouche, un cœur, des poumons, etc. Bien sûr, la forme et la dimension des os changeraient, car un lapin et un chien ne marchent pas de la même manière, ils n'ont pas le même genre de museau et leur queue est très différente.

Pourquoi la baleine lance-t-elle des jets d'eau lorsqu'elle fait surface?

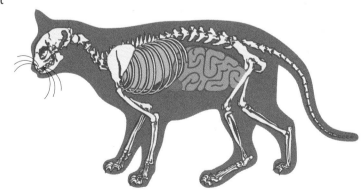

Gabrielle est une personne sourde

Gabrielle est née avec un handicap auditif : elle n'entend pas les sons.

Peu de temps après sa naissance, ses parents ont remarqué qu'elle ne réagissait pas aux sons qu'on faisait autour d'elle. La vie de Gabrielle est différente. Cela ne veut pas dire qu'elle n'est pas intelligente ou qu'elle n'a pas le sens de l'humour. Les petites choses de la vie quotidienne, simples et évidentes pour toi, ne le sont peut-être pas pour elle.

Gabrielle ne peut pas écouter des comptines en s'amusant avec ses jouets.

Elle ne peut pas savoir que son père ou sa mère arrive de travailler, parce qu'elle n'entend pas la porte d'entrée s'ouvrir.

Elle sait que le téléphone sonne seulement si l'appareil est muni d'un signal lumineux et se trouve dans son champ de vision.

Elle ne peut pas bien comprendre un film ou une émission de télévision à moins qu'ils ne soient sous-titrés.

Gabrielle doit développer particulièrement son sens de l'observation.

- Elle doit regarder plus attentivement que toi avant de traverser la rue : elle n'entend pas les automobiles ni leur klaxon.

- Elle doit apprendre à lire sur les lèvres pour comprendre les gens qui lui parlent.

Gabrielle pourra apprendre à parler, guidée par un ou une orthophoniste qui lui montrera à produire les sons du langage oral (elle n'a jamais entendu les sons du langage).

Gabrielle et ses proches pourront aussi apprendre le langage des signes.

Quels comportements dois-tu adopter pour faciliter la communication avec une personne sourde comme Gabrielle?

- Tiens compte du fait que cette personne peut avoir de la difficulté à te comprendre.

- Assure-toi qu'elle voit ton visage (surtout tes lèvres) quand tu parles.

- Attire son attention par un geste ou en la touchant avant de commencer à lui parler.

- Dans un groupe, ne parle pas en même temps qu'une autre personne.

- Évite d'approcher cette personne dans son dos; comme elle ne peut pas t'entendre venir, cela peut la faire sursauter inutilement.

- Tu peux apprendre le langage des signes pour mieux communiquer avec elle. Voici d'ailleurs quelques exemples du langage des signes québécois.

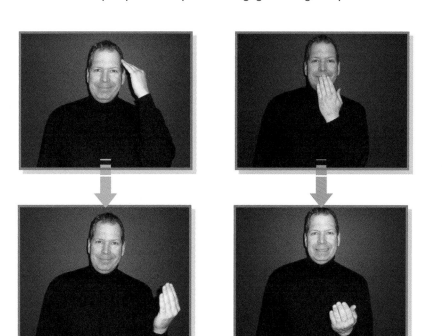

Bonjour.   **Merci.**   **Ça va bien? ou Comment ça va?**

Garde toujours à l'esprit que les yeux d'une personne sourde sont ses oreilles, et tu lui simplifieras la vie.

La technologie peut-elle aider les personnes malentendantes, c'est-à-dire partiellement sourdes? Explique ta réponse.

La durée de l'incubation et de la gestation

L'**incubation** est la période de temps qui s'écoule entre la ponte de l'**œuf** et le moment de son éclosion. Certains animaux prennent soin eux-mêmes de leurs œufs : ils les tiennent au chaud et les protègent jusqu'à l'éclosion. D'autres animaux pondent leurs œufs dans l'environnement et laissent la nature faire le reste.

D'après toi, l'animal qui laisse ses œufs dans la nature sans s'en occuper pond-il habituellement beaucoup d'œufs ou seulement quelques-uns ?
Explique ta réponse.

Les œufs sont de tailles et de masses différentes. Par exemple, l'œuf de l'autruche pèse 1500 g, alors que celui du colibri pèse 0,5 g.

Durée d'incubation (en jours) de quelques espèces

La tortue luth	90	Le grand duc	34
Le crocodile du Nil	85	Le goéland	26
L'aigle royal	45	La poule	21
L'autruche	43	Le pigeon	18

La **gestation** est la période qui va de la fécondation à la naissance du ou des petits chez les vivipares. Pour les êtres humains, on parle plutôt de grossesse.

Durée de gestation (en jours) de quelques espèces

L'éléphant	650	Le gorille	270
Le cachalot	440	Le tigre	100
Le dauphin	300	Le chat	65
L'être humain	280	Le chien	60

Les insectes

Par le nombre d'**espèces** différentes qu'ils comptent, les insectes dominent le monde animal. Tous les insectes ont six pattes et leur corps se divise en trois parties : la tête, le thorax et l'abdomen. Certains insectes n'ont pas d'ailes ; d'autres en ont une ou deux paires, fixées à leur thorax.

Tous les insectes ont six pattes.

1   4

2   5

3   6

Guêpe

La mouche, le papillon et la coccinelle sont des insectes ; cependant ils appartiennent à des ordres différents (l'ordre est un sous-groupe d'une **classe**).

- La mouche est un diptère. *Di* signifie « deux » et *ptère* signifie « aile » ; la mouche a deux ailes.

Mouche

- La coccinelle est un coléoptère. *Coléo* signifie « étui » ; les coléoptères ont des étuis qui protègent leurs ailes.

- Le papillon est un lépidoptère. *Lépido* signifie « écaille » ; ses ailes sont couvertes de minuscules écailles.

Coccinelles

Une araignée possède huit pattes et n'a pas d'ailes. L'araignée est-elle un insecte ? Explique ta réponse.

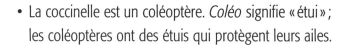

Papillon

La croissance du papillon monarque

La croissance du papillon se fait par étapes, qu'on appelle métamorphoses ou transformations. La femelle adulte pond d'abord ses **œufs** fécondés sur une plante nommée asclépiade. Elle peut pondre plusieurs centaines d'œufs.

Œuf de monarque

Les œufs éclosent au bout de 3 à 12 jours pour donner des larves : ce sont les chenilles, très différentes du papillon adulte par leur forme et leur mode de vie. Les chenilles se nourrissent des feuilles des plantes sur lesquelles la femelle a pondu ses œufs.

Chenille du monarque accrochée par l'extrémité de son abdomen

À mesure que la chenille grossit, nourrie des feuilles qu'elle dévore, elle change de peau à plusieurs reprises : on dit qu'elle mue. Elle vit environ deux semaines, en fonction des conditions atmosphériques. Après quatre ou cinq mues, la chenille se transforme en nymphe (ou chrysalide).

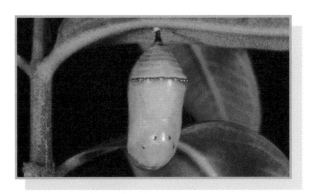

Nymphe du monarque

Deux semaines plus tard, la nymphe, attachée à la plante, donne le papillon adulte. Observe ce qui reste de la nymphe après la sortie du papillon.

Monarque sortant de sa nymphe

Le papillon déplie lentement ses ailes et les expose au soleil durant quelques heures.

Il commence ensuite sa vie de papillon adulte, se nourrissant du nectar des fleurs grâce à sa langue en forme de trompe.

Le papillon femelle se trouvera un partenaire pour féconder ses **œufs** ; la femelle pondra ses œufs sur une plante... et le cycle recommencera.

Papillon monarque

À vos marques, partez !

En ligne droite, une automobile de Formule 1 peut rouler à 300 km/h. À titre de curiosité, voici quelques statistiques sur les performances des animaux.

La vitesse (en km/h)

Quelques définitions

En piqué : signifie qui descend brusquement à la verticale.

Plongée : signifie le temps passé sous l'eau sans faire surface.

Le faucon pèlerin en piqué	360	
L'aigle royal en piqué	300	
Le guépard	120	
L'espadon		90
La libellule		75
Le lièvre		70
Le loup		45
L'éléphant		40

La plongée (en min)

Le cachalot	90	
Le béluga	45	
Le phoque gris		20
La tortue verte		20
Le castor		9,5
L'ours polaire		1,5

Pour quelle raison le phoque et l'ours polaire ont-ils besoin de plonger sous l'eau ?

Profession : ornithologue

L'ornithologie est la partie de la biologie qui se consacre aux **oiseaux.**

L'ornithologue est donc un ou une biologiste, spécialisé dans l'étude des oiseaux. Il ou elle doit faire preuve d'une grande patience et posséder un sens de l'observation remarquable.

Son travail comporte, entre autres, les activités suivantes :

- le **recensement** des **espèces** d'oiseaux qui peuplent des habitats précis ;

- l'étude des territoires occupés par chaque espèce d'oiseau et où les individus se reproduisent ;

- l'étude des habitudes migratoires des oiseaux ;

- la mesure des variations du nombre d'individus d'une espèce sur un territoire précis.

L'ornithologue doit posséder des connaissances précises sur les oiseaux, leur comportement, leur habitat, leurs besoins alimentaires, leur mode de **reproduction,** etc.

Son travail se fait souvent dans un souci de conservation. C'est son savoir et les résultats de ses recherches qui renseignent sur l'évolution des diverses espèces d'oiseaux. Il ou elle nous renseigne, entre autres, sur

- les effets du déboisement sur les populations d'oiseaux ;

- les conséquences de la disparition des marais, des étangs et des berges naturelles ;

- les effets du développement des villes sur les oiseaux ;

- les torts causés aux oiseaux par la **pollution.**

Ses outils de travail sont composés d'un bon guide d'identification, de jumelles, d'un appareil photographique, d'un magnétophone et d'un carnet d'observations.

Par leurs conseils et leurs connaissances, les ornithologues professionnels apportent une aide indispensable aux 40 millions d'ornithologues amateurs que le Canada et les États-Unis comptent.

Les ornithologues capturent des **oiseaux,** leur posent des bagues aux pattes et les relâchent dans la nature. Dis pourquoi.

L'exploitation des ressources naturelles

L'être humain utilise les **ressources naturelles** de la terre. Voici des exemples de ces ressources, essentielles pour sa subsistance, son bien-être et son confort.

- **Les ressources de la mer**

  - La pêche, pour l'alimentation.

  - La navigation, pour les loisirs et le transport des marchandises.

- **Les ressources forestières**

  - Le bois, pour la construction et la fabrication de papier.

- **Les ressources agricoles**

  - L'agriculture alimentaire : blé, avoine, riz, légumes, etc.

  - L'agriculture industrielle : coton, lin, etc.

- **Les ressources minérales**

  - Les métaux : fer, aluminium, cuivre, or, etc.

  - Le pétrole, ses dérivés (essence, huile, asphalte, plastique) et le gaz naturel.

L'être humain a aussi la responsabilité de ne pas détériorer son environnement par une trop grande exploitation ou une mauvaise utilisation des ressources. Ce n'est malheureusement pas toujours le cas…

- L'utilisation du pétrole ou du charbon et l'activité de plusieurs industries salissent l'atmosphère et causent les pluies acides.

- La surexploitation des forêts (coupe à blanc) et des mers (pêche excessive) contribuent à la disparition de plusieurs espèces de vivants.

- Les déversements volontaires ou accidentels de substances dangereuses dans l'environnement mettent des vivants en péril.

Comment, de façon concrète, toi et les membres de ta famille pouvez-vous contribuer à une sage utilisation des ressources naturelles ?

Les produits du recyclage

Les matières recyclées	Des produits faits des matières recyclées
Les résines (polymères)	Des sacs de couchage et des tentes Des sacs à dos Des casquettes Des vêtements de protection (isolation thermique) Du rembourrage Des cordes et des courroies d'emballage Des sacs à poubelle Des casiers à lait Des chaudières Des bacs de récupération Des tapis Des semelles de chaussures Des cassettes vidéo Des tuyaux Des jouets
Le verre	Des matériaux isolants en fibre de verre Des microbilles intégrées à la peinture réfléchissante Des bouteilles et des pots
L'aluminium	Du papier d'emballage Des meubles de jardin Des matériaux de construction Des pièces d'automobiles
Le papier Le carton	Du papier hygiénique Des boîtes à œufs Des cartons Du papier d'emballage Des essuie-tout

Glossaire

Aérodynamique : se dit d'une forme qui permet de se déplacer facilement dans l'air.

Amphibien : classe d'animaux vertébrés, à peau nue, à température variable, vivant à la fois dans l'eau et sur terre.

Apesanteur : disparition des effets de la pesanteur liés à la force de gravitation.

Argile : roche imperméable qui peut être façonnée lorsqu'elle est imbibée d'eau et qui durcit si on la chauffe ; on l'appelle d'ailleurs «terre à potier».

Assainir : rendre plus sain, plus pur. *Exemples :* assainir l'air, assainir un lac.

Astre : tout objet naturel dans le ciel. *Exemples :* comète, planète, étoile, Lune.

Astronome : personne qui étudie la position, les mouvements et la structure des objets célestes.

Becquée : quantité de nourriture que l'oiseau prend dans son bec pour nourrir ses petits.

Biomasse : masse totale des organismes vivants présents dans un endroit donné.

C

Carnivore : qui se nourrit principalement de chair. *Exemples :* le chat sauvage, le lion, l'ours.

Changement d'état : passage de la matière d'un état à un autre. *Exemple :* la glace qui fond passe de l'état solide à l'état liquide.

Charge électrique : quantité d'électricité qui circule dans un circuit ou qui s'accumule à la surface d'un objet. Elle peut être positive ou négative.

Classe : ensemble de vivants (végétaux ou animaux) ayant des caractéristiques communes. *Exemples :* les poissons, les oiseaux et les mammifères sont trois classes de vertébrés.

Classification : regroupement des vivants par catégories, selon leurs ressemblances.

Collecte sélective : façon de recueillir les déchets de manière organisée, par catégories, afin de les recycler ou de les récupérer.

Commensalisme : association de deux vivants d'espèces différentes selon laquelle l'un d'eux vit et se nourrit auprès de l'autre sans lui nuire.

Compétition : relation dans laquelle deux vivants (de même espèce ou non) recherchent le même but : un habitat, de la nourriture, un partenaire, etc.

Compost : engrais formé par la décomposition d'un mélange de matières organiques et minérales.

Compostage : action par laquelle des matières organiques et minérales sont mélangées afin de les transformer en compost, qui sera utilisé comme engrais pour le sol.

Constellation : regroupement d'étoiles voisines, visible à l'œil nu et présentant une figure déterminée, à laquelle on a donné un nom de personnage, d'animal ou d'objet.

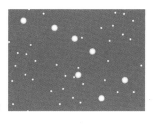

Convection : déplacement des fluides (liquides et gaz) vers le haut ou vers le bas.

Cristal : substance devenue solide et qui présente une structure géométrique définie.

Croissance : développement progressif, accroissement des parties d'un vivant.

D

Décontaminer : éliminer ou diminuer les effets d'un polluant dans un milieu. On peut aussi dire «dépolluer».

Dinosaure : groupe de reptiles regroupant plus de 350 espèces disparues il y a 65 millions d'années.

Dynamomètre : appareil qui sert à mesurer le poids d'un objet (force).

E

Électricité statique : charge électrique accumulée à la surface des objets.

Élimination : action d'un vivant qui se débarrasse de ses déchets.

Encéphale : ensemble situé dans le crâne et qui comprend le cerveau, le cervelet et le tronc cérébral.

Énergie cinétique : énergie d'un objet en mouvement.

Énergie potentielle : énergie emmagasinée dans un objet.

Érosion : processus par lequel les roches sont usées ou transformées sous l'action des éléments tels que le vent, le gel, le dégel et les mouvements de l'eau.

Espèce : ensemble de vivants qui ont des traits communs et qui peuvent se reproduire.

État : forme de la matière ; solide, liquide ou gaz.

Étoile : grosse masse gazeuse très chaude et très dense. *Exemple :* le Soleil.

F

Flottabilité : propriété d'un objet qui peut flotter.

Force de gravitation : force d'attraction des objets entre eux ; on dit aussi «force de gravité» ou «force d'attraction gravitationnelle».

Fossile : restes durcis ou empreinte d'êtres vivants qui ont vécu il y a longtemps (des centaines de milliers ou des millions d'années), conservés de façon naturelle dans les roches, la terre, la glace, etc.

Fossilisé : transformé en fossile.

Front chaud : masse d'air chaud se déplaçant et entraînant habituellement une hausse de la température et du degré d'humidité.

Front froid : masse d'air froid se déplaçant et entraînant habituellement une baisse de la température et du degré d'humidité.

G

Galaxie : vaste ensemble d'étoiles regroupées en forme de spirale ; avec une majuscule, le mot *Galaxie* désigne la Voie lactée, c'est-à-dire la galaxie où se trouve notre système solaire.

Gestation : temps pendant lequel les femelles portent les petits. Pour les êtres humains, on parle plutôt de «grossesse».

Goût : sens par lequel on perçoit et on reconnaît les saveurs.

Gramme / kilogramme : unités de mesure de la masse.

Herbivore : qui se nourrit exclusivement de végétaux (herbe, feuilles, fruits, etc.). *Exemples :* le mouton, le bœuf, le cheval.

Humidité : vapeur d'eau contenue dans l'air.

Humus : substance organique brune ou noire à la surface du sol, provenant de la décomposition de déchets végétaux ou animaux.

Hydrodynamique : se dit d'une forme qui permet de se déplacer facilement dans l'eau.

Instrument météorologique : appareil qui permet d'étudier et de prévoir les conditions climatiques ou d'en mesurer les effets. *Exemples :* baromètre, thermomètre, girouette.

Invertébré : animal qui n'a pas de vertèbres, de colonne vertébrale. *Exemples :* le ver de terre, les insectes.

Levier : barre mobile autour d'un point d'appui. *Exemple :* une paire de ciseaux comporte deux leviers et un point d'appui.

Machine simple : dispositif simple pouvant diminuer la force nécessaire à la réalisation d'une tâche. *Exemples :* vis, poulie, plan incliné.

Mamelle : organe propre aux mammifères, qui sécrète le lait nourrissant les petits.

Mammifère : classe d'animaux vertébrés supérieurs qui ont une température constante, des mamelles pour allaiter leurs petits et, généralement, du poil ; l'être humain est un mammifère.

Masse : propriété de la matière qui nous indique si un objet est facile ou difficile à déplacer.

Masse volumique : relation entre la masse d'un objet et l'espace qu'il occupe (son volume).

Matière organique : ensemble des substances qui proviennent des vivants ; ce sont des composés comme les glucides, les lipides et les protéines.

Météorologue : personne dont le travail consiste à étudier et à prévoir les conditions climatiques.

Minéral : substance naturelle constituant les roches de l'écorce terrestre.

Minéralisé : transformé en minerai.

Mort : fin de la vie et des fonctions biologiques d'un vivant.

Mutualisme : relation essentielle entre deux vivants d'espèces différentes, dans laquelle chacun aide l'autre à assurer sa survie.

Nutrition : absorption et utilisation des aliments par les êtres vivants pour assurer leur entretien et leurs besoins d'énergie.

Odorat : sens par lequel on perçoit et on reconnaît les odeurs.

Œuf : corps organique sphérique ou ovale, produit et pondu par certains animaux, en vue de donner naissance à des vivants de leur espèce.

Oiseau : classe d'animaux vertébrés qui pondent des œufs, sont couverts de plumes, ont deux pattes, deux ailes et un bec dépourvu de dents.

Ondulation : mode de déplacement de certains vivants, qui s'apparente à celui des vagues.

Orage : perturbation atmosphérique accompagnée d'éclairs, de tonnerre et, souvent, de pluie et de vent.

Ouïe : sens par lequel on perçoit et on reconnaît les sons.

Ouragan : grosse tempête formée d'une immense spirale de nuages, comportant des vents très violents et des précipitations abondantes.

Ovipare : animal qui pond des œufs d'où sortent ses petits.

Ovovivipare : animal qui produit et garde des oeufs fécondés à l'intérieur de son corps, là où ils écloront ; les petits naissent formés.

Paléontologue (ou paléontologiste) : spécialiste de l'étude, à partir des fossiles, des êtres vivants ayant existé il y a très longtemps, comme les dinosaures.

Parasitisme : relation dans laquelle un vivant vit aux dépens d'un autre et lui nuit.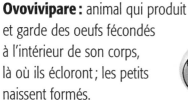

Particule radioactive : particule qui a la propriété d'émettre des rayonnements.

Perméabilité : propriété d'un corps qui laisse passer un autre corps (comme l'eau ou l'air).

Plan incliné : machine simple, constituée d'une rampe qui permet de réduire la force nécessaire à déplacer verticalement un objet.

Poisson : classe d'animaux vertébrés qui vivent dans l'eau, possèdent des nageoires, des branchies pour respirer et dont le corps est généralement couvert d'écailles.

Pollution : toute substance qui contribue à la dégradation d'un milieu et de ses vivants.

Portance : force qui s'exerce vers le haut contre la gravité et qui permet à un objet volant plus lourd que l'air de s'élever.

Postérieur : qui est derrière. *Exemple :* les membres postérieurs d'un vivant.

Poulie : roue tournant autour d'un axe fixe servant à tirer ou à soulever des objets à l'aide d'une corde ou d'une courroie.

Prédation : relation entre vivants de différentes espèces dans laquelle l'un (le prédateur) en chasse un autre (la proie) pour se nourrir.

Pression : force exercée par une substance sur la surface d'une autre.

Pression atmosphérique : force exercée par le poids de l'air à la surface d'un objet plongé dans l'atmosphère.

Propulser : avancer, pousser vers l'avant.

Réaction à une stimulation : processus par lequel les êtres vivants réagissent à ce qui se passe dans leur milieu.

Recensement : décompte, dénombrement. *Exemple :* faire le recensement des oiseaux signifie compter tous les oiseaux dans un milieu donné.

Recyclage : action de réparer des objets ou de les transformer en nouveaux produits.

Règne : chacune des trois grandes catégories de classification de la nature : le règne animal, le règne végétal et le règne minéral.

Relation : rapport ou lien existant entre des vivants, entre un vivant et son milieu ou entre des choses. *Exemples :* le mutualisme, la prédation, le commensalisme, le parasitisme et la compétition constituent des types de relations entre vivants.

Reproduction : processus par lequel les êtres vivants en produisent d'autres de leur espèce.

Reptation : mode de déplacement de certains vivants, qui consiste à ramper.

Reptile : classe d'animaux vertébrés, à température variable et à respiration pulmonaire, qui, en général, pondent des œufs et sont couverts d'écailles. *Exemple :* les dinosaures étaient des reptiles.

Respiration : fonction qui assure les échanges de gaz (oxygène et gaz carbonique) chez les vivants.

Ressource énergétique : tout ce qui peut produire de l'énergie. *Exemples :* pétrole, charbon, vent, soleil.

Ressource non renouvelable : ressource qui, une fois utilisée, ne peut pas être remplacée ni reconstituée. On dit aussi « source d'énergie non renouvelable ». *Exemples :* pétrole, charbon.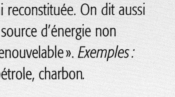

Ressource renouvelable : ressource qui peut être remplacée ou reconstituée. On dit aussi « source d'énergie renouvelable ». *Exemples :* eau, soleil, vent.

Ressources naturelles : ensemble des réserves non transformées de tout ce que la planète possède, comme l'eau, les forêts, les terres, les mines.

Restaurer : réparer, remettre dans son état initial.

Rotation : mouvement par lequel un objet fait un tour sur lui-même.

Roue et essieu : disque (roue) monté et fixé perpendiculairement à une tige (essieu) ronde.

Sable : petits grains produits par l'érosion de roches plus grosses.

Sédiment : dépôt de débris laissé par les eaux, les glaces ou le vent.

Sens : moyens (vue, ouïe, odorat, toucher, goût) par lesquels nous percevons notre environnement.

Science : ensemble des connaissances dans un domaine donné. Ces connaissances, élaborées de façon méthodique, sont certaines et vérifiables.

Sol : mince partie de la croûte terrestre située à la surface de la Terre.

Synchronisme : état de ce qui s'effectue ou se produit en même temps.

Système circulatoire (ou cardiovasculaire) : appareil composé du cœur, des veines, des artères et des capillaires (petits vaisseaux sanguins), qui combinent leur action pour assurer la circulation du sang dans tout le corps.

Système digestif : appareil comprenant un tube qui transforme physiquement les aliments et cinq types de glandes qui les transforment chimiquement pour nourrir l'être vivant. Le tube comprend aussi la bouche (les dents), l'œsophage, l'estomac, l'intestin grêle, le gros intestin (l'anus).

Système excréteur : appareil qui sert à rejeter certains déchets hors de l'organisme. Il comprend notamment les reins, les uretères, la vessie et l'urètre, qui combinent leur action pour éliminer l'urine du corps humain. Le système excréteur comprend également les poumons et la peau.

Système locomoteur : appareil comprenant les muscles, les os, les articulations et les tendons, qui combinent leur action pour soutenir le corps, lui permettre de bouger et aussi protéger les organes vitaux.

Système nerveux : ensemble comprenant l'encéphale, la moelle épinière, les nerfs et les organes des sens, qui combinent leur action pour coordonner et traiter l'information transmise par les sens.

Système reproducteur : appareil comprenant les organes sexuels mâles ou femelles, qui permet aux vivants d'avoir des petits.

Système respiratoire : ensemble des organes d'un vivant, dont l'action combinée permet les échanges d'oxygène et de gaz carbonique.

T

Technologie : étude des outils, des machines, des matériaux, des techniques et des procédés.

Texture : agencement des constituants d'une substance qui lui donne sa structure et son apparence. *Exemples :* de l'asphalte rugueuse, une glace lisse.

Tornade : violent tourbillon de vent que l'on reconnaît par une colonne nuageuse en forme d'entonnoir qui descend de la base d'un nuage.

Toucher : sens par lequel on perçoit et on reconnaît la présence des objets, certaines propriétés physiques, les écarts de température, la pression par contact avec la peau, la douleur, etc.

U

Univers : ensemble de tout ce qui existe dans l'espace et dans le temps.

V

Vertébré : animal qui possède une colonne vertébrale (constituée de vertèbres) ; les vertébrés comprennent cinq classes : les poissons, les amphibiens, les reptiles, les oiseaux et les mammifères.

Vis : filetage enroulé en hélice autour d'un cylindre et qui sert à fixer des objets.

Vivipare : animal qui donne naissance à des petits complètement formés après les avoir portés dans son ventre.

Vue : sens par lequel on perçoit et on reconnaît la lumière, les couleurs, les formes et les distances.

Liste des Info+

UNIVERS MATÉRIEL

TERRE ET ESPACE

UNIVERS VIVANT